CD 2枚つき

陰山英男＆藤井弘之の

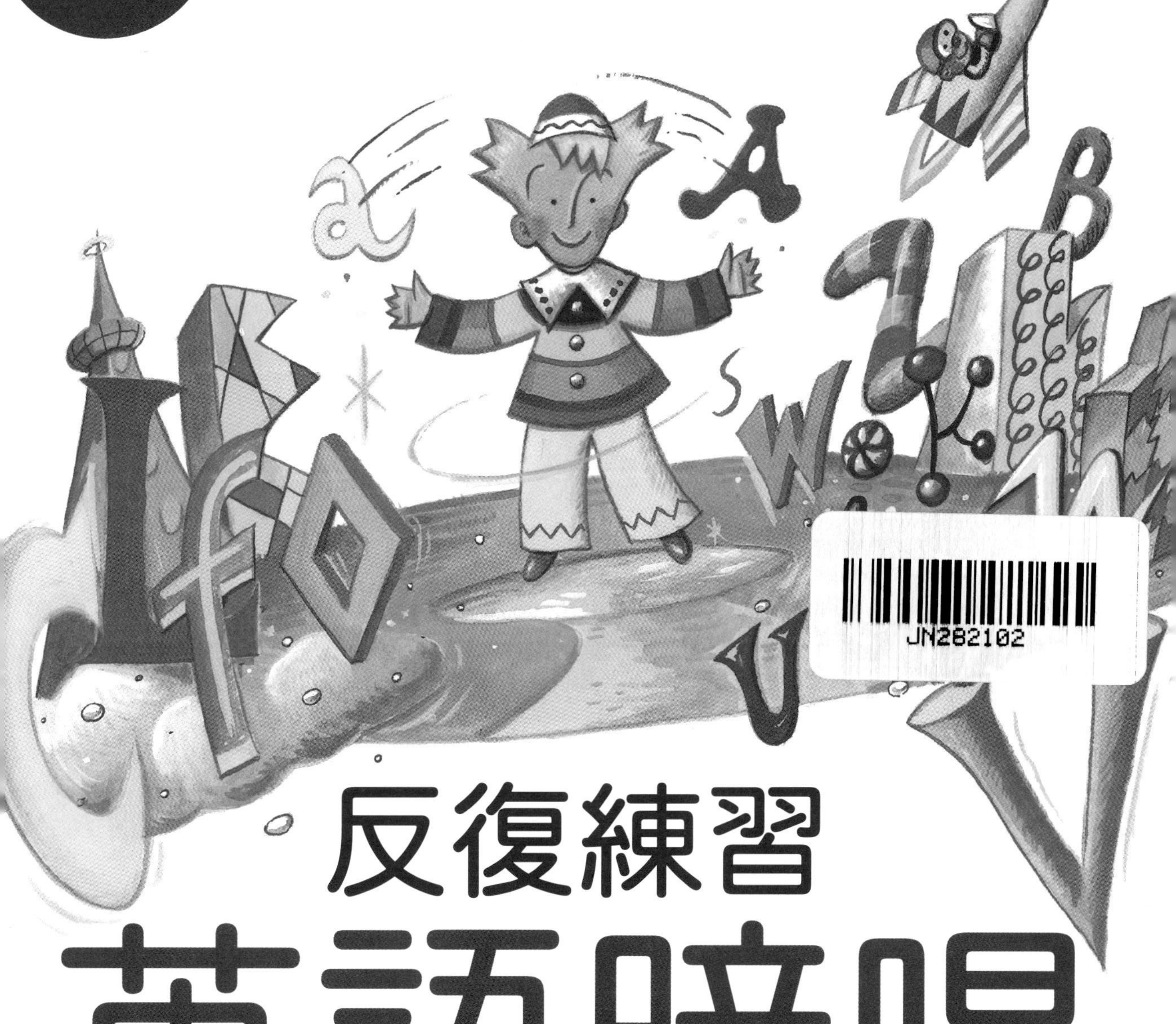

反復練習

英語暗唱ノート

アルク
www.alc.co.jp

もくじ

陰山英男＆藤井弘之の 反復練習 英語暗唱ノート

本書の使い方 4

はじめに 8
　　尾道市立土堂小学校校長　陰山英男

藤井弘之先生の
土堂小学校　英語への挑戦 11
　　尾道市立土堂小学校教諭　藤井弘之

スピーチ編 19-93

自己紹介 ………………… 20	好きなものを比べる ……… 60
好きな教科・時間割 ……… 28	友だち紹介 ………………… 64
好きな動物・食べ物 ……… 34	好きなこと ………………… 68
持っているもの …………… 40	毎日すること、時間 ……… 72
できること・得意なこと … 46	放課後すること、習いごと … 80
将来の夢 …………………… 52	特に好きなもの …………… 84
誕生日にほしいもの ……… 56	行ったことがある場所 …… 92

アクティビティ編 94-102

①仲間はずれはどれ？ …… 94	⑤ビンゴ …………………… 99
②カード並べ ……………… 95	⑥リレーゲーム …………… 100
③いくつ言えるかな？ …… 96	⑦質問ぜめ ………………… 101
④カルタ取り ……………… 97	

名 言 編 103-123

イッキー・ビッキー 104
イーニー・ミーニー・マイニー・モウ 105
ハンプティ・ダンプティ 106
ヘイ・ディドル・ディドル 107
フィッシュ・ソング 108
早口ことば① 109
早口ことば② 110
早口ことば③ 111
ことわざ① 112
ことわざ② 113
ケネディ大統領「大統領就任演説」................. 114
リンカーン大統領「ゲティスバーグ演説」..... 115
トーマス・ジェファーソン「独立宣言」......... 116
偉人の名言① 117
偉人の名言② 118
偉人の名言③ 119
ワーズワース「水仙」....................................... 120
ロセッティ「風」... 121
キング牧師「私には、夢がある」................... 122

単語絵カード 124-151

単語絵カードの使い方 124
単語絵カード 125-151

単語さくいん 152-154

CD-1の最後には、CD-1に収録されている単語チャンツ、例文チャンツのカラオケが入っています。

トラック54	単語チャンツA（ゆっくり）	トラック58	例文チャンツA（ゆっくり）
トラック55	単語チャンツA（はやい）	トラック59	例文チャンツA（はやい）
トラック56	単語チャンツB（ゆっくり）	トラック60	例文チャンツB（ゆっくり）
トラック57	単語チャンツB（はやい）	トラック61	例文チャンツB（はやい）

3

本書の使い方

本書で学習を始める前にお読みください。

本書のねらい

〈スピーチ編〉
目標は英語で自己表現をすること
例文をくり返し暗唱して、すらすらと言えるようになったら、みんなの前でスピーチができるようになるのが本書の最終的な目標です。まず自己紹介をして、それから自分のこと、自分の好きなものなどについて話してみましょう。こうした自己表現は、コミュニケーションの第一歩です。相手に自分のことをじゅうぶんに理解してもらうことが、スムーズな会話につながるのです。

〈名言編〉
英語のリズムを感じながら、名言を暗唱する
「名言編」では、英米の子どもたちが幼い頃から親しんでいることば遊び、英語を話す人なら知っておきたい名言を集めました。CDを聞いて英語のリズムを感じ、同じように暗唱してみましょう。今は意味がわからなくてもかまいません。将来、その意味がわかるようになったときに、また新たな感動や発見があるでしょう。これは、未来の自分へのプレゼントなのです。

学習の進め方

〈スピーチ編〉
以下の3つのステップで学習を進めます。手順を参考に練習し、暗唱をマスターしましょう。

CD-1のチャンツを流し、単語と絵を指で追いながら、最初の男性の声をお手本に、続く女性の声といっしょに発音します。ここで、英語の音と単語の意味を一致させることができます。

Step 2 例文
①CD-1のチャンツを使い、英文と絵を指で追いながら、最初の男性の声をお手本に、続く女性の声といっしょに発音します。英文の音と意味を一致させましょう。

②CD-2の音楽なしのナレーションをお手本に、同じ速度とイントネーションで発音してみましょう。

※ナレーションが多少速いと思われるかもしれませんが、テンポよく効果的に暗唱ができるスピードを考慮しています。ナレーションのあとのポーズのところで、例文を発音しましょう。

※お手本に続いて発音する練習方法を、「リピーティング（もしくはリプロダクション）」といいます。専門的な英語のトレーニング方法で、ひじょうに効果が高いものと評価されています。

単語と例文をマスターしたら、こんな活動にもチャレンジしてみましょう。

①子どもがテキストの文字や絵を見て、単語や例文をどんどん言っていきます。単語数や例文数を決め、タイムをはかってもいいでしょう。

②おうちの方や先生がテキストの単語や例文をランダムにさしていき、子どもがそれをどんどん言っていきます。

※のんびりとおこなわないのがポイントです。少し速いと思われる程度に、テンポよくさしていくことが大切です。

※小学校や英語教室などでおこなう場合は、本書のページを拡大コピーしたり、単語や例文を模造紙に書き写したりして、黒板などにはってもいいでしょう。

③例文の下線部を別の単語に入れかえて言うことができます。Step 1でおぼえた単語を入れて言ってみましょう。

〈名言編〉

①語句の固まりで練習

CD-2のお手本のように、語句（チャンク）の固まりごとに発音していきましょう。

※ナレーションのあとのポーズのところで、まず発音の練習をしましょう。

※英文を日本語に訳せるようになる必要はありません。どうしても意味が知りたいという場合には、大人がかんたんに意味を説明するか、和訳を見せるようにしてください。子どもたちが、日本の古典的な名言を、意味を完全に理解していなくても暗唱できるのと同じこととお考えください。

②文章になるよう暗唱

語句の固まりで発音ができるようになってきたら、今度は文章になるように、続けて言ってみましょう。CD-2には、文章を続けて読み上げたナレーションのお手本も収録されています。

ページの見方と使い方

本書の「スピーチ編」の各ページの見方、使い方を説明します。ページ見開きの図にふられている番号と、下の説明文が対応しています。

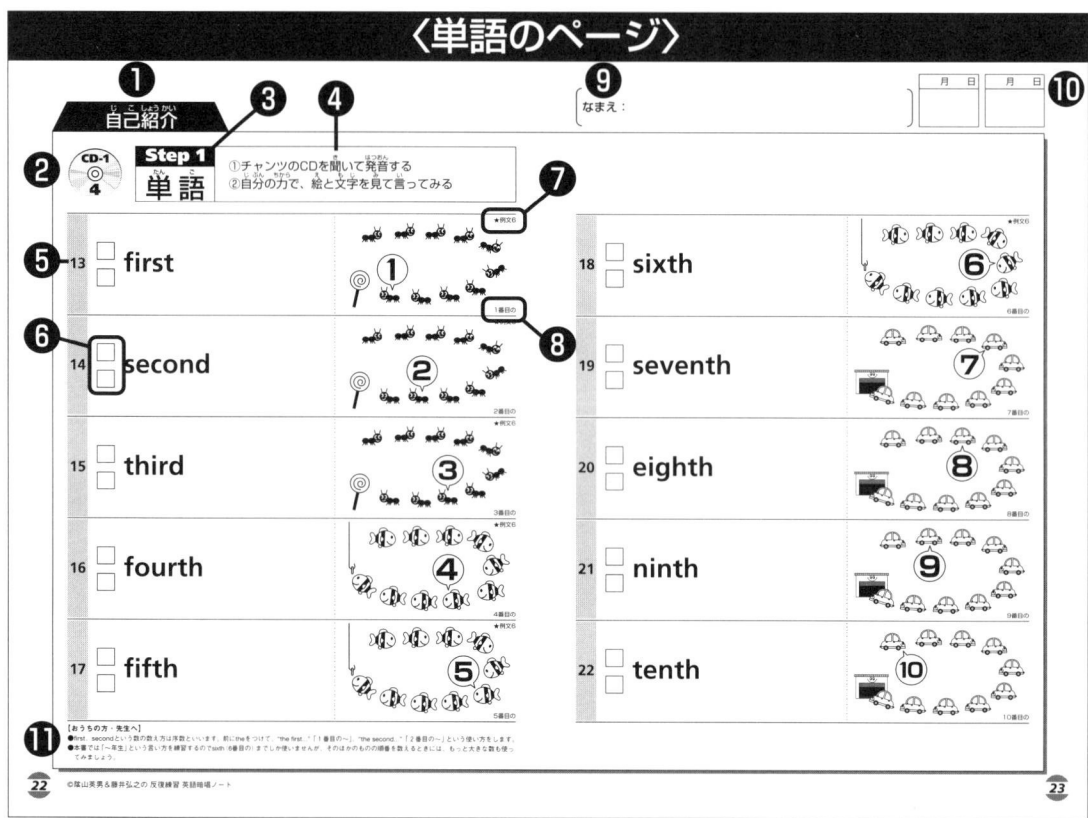

❶この章の見出し：単語と例文のパートに共通の見出しがついています。
❷このページの単語や例文に対応するCD番号とトラック番号。上がCD番号、下がトラック番号です。
　・CD-1には、単語と例文をラップのリズムにのせて読み上げたチャンツが収録されています。
　・CD-2には、例文を自然な速さで読み上げたナレーションが収録されています。
❸単語練習のパート
❹このパートの学習目標の目安
❺単語・例文の番号
❻チェック欄：練習した回数に応じて印をつけていきます。お子さんの学習方法や習熟度にあわせて、ご活用いただけます。
　〈使い方の例1〉
　　・CDに続いて単語や例文が言えたら、1つ目の□に印をつける
　　・CDなしで単語や例文が言えたら、2つ目の□に印をつける
　〈使い方の例2〉
　　・絵と文字を見て単語や例文が言えたら、1つ目の□に印をつける
　　・文字だけを見て単語や例文が言えたら、2つ目の□に印をつける
❼対応する例文の番号：この番号の例文の下線部を、この単語に入れかえて言うことができます。
❽和訳
❾名前欄：日本語またはアルファベットで記入しましょう。
❿確認欄：1回練習するごとに、おうちの方や先生が日付とサインを記入します。シールなどをはってもいいでしょう。

●本書はコピーしてくり返しお使いください●

何度もくり返し学習するために、本書の「スピーチ編」は、コピーして使用することをおすすめいたします。また、「単語絵カード」も必要な枚数コピーして、線にそって切ってお使いください。

※本書は、購入した方がご自身の家庭・学校・教室等で使用する場合に限り、コピーを認めます。それ以外の目的では、著作権法上で認められた場合を除いて、コピーや無断転載を禁じます。

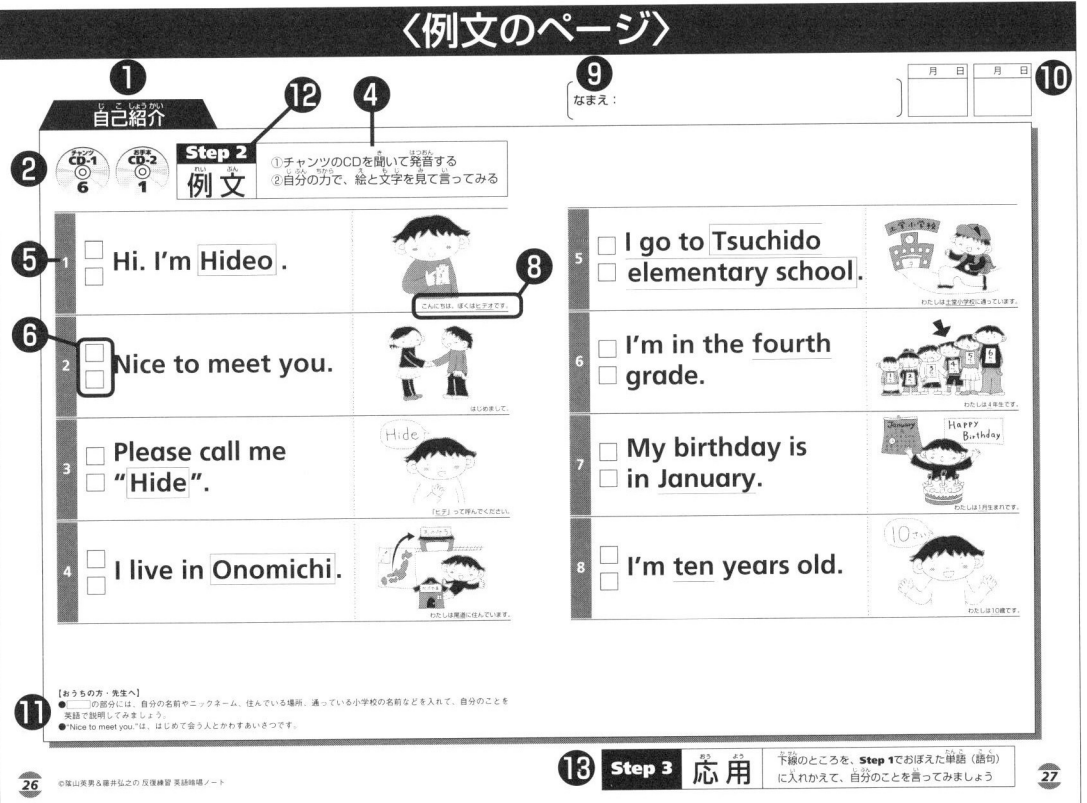

---

⑪解説：単語の使い方や英文のルールについて、かんたんな説明をしています。

⑫例文練習のパート

⑬応用練習のパート

◎ CDに収録されている内容

CD-1

▶単語チャンツ

「スピーチ編」のすべての単語を収録しています。単語の導入、発音の確認などにご活用ください。

▶例文チャンツ

「スピーチ編」のすべての例文を収録しています。表現の導入、発音の確認などにご活用ください。

▶チャンツカラオケ

単語・例文のチャンツのカラオケです。お手本なしで練習したいときなどにお使いください（トラック番号はp.3を参照）。

CD-2

▶例文のお手本ナレーション

「スピーチ編」のすべての例文を、自然な速さで読み上げたお手本です。

▶名言のナレーション

「名言編」のナレーションです。ゆっくり、または区切って読んでいる練習用のお手本と、自然な速さで続けて読んでいる暗唱用のお手本があります。

▶実際の演説の音声

ケネディ大統領の就任演説、キング牧師の演説については、実際に本人が演説をした音声を収録しています。

はじめに

広島県尾道市立土堂小学校校長　**陰山英男**

反復練習により、知能指数の平均が120に

　たて横に並んだ数字を順番に足したりかけたりして、ものすごいスピードで百ますの解答欄をうめていく子どもたち。文学作品の一節や日本国憲法を、すらすらと暗唱する子どもたち。

　そんな小学生の映像を、あなたもテレビで目にしたことがあるかもしれません。私が兵庫県の山口小学校に在職していた当時、基礎学力向上のために取り入れた指導法が注目され、「陰山メソッド」などと呼ばれるようになりました。そのポイントは、ひとことで言えば「徹底的な反復学習」です。

　国語・算数などを中心に、読み書きや計算といった基本的な技能を毎日ごく短時間、文字どおり徹底的にくり返し練習させるというこのやり方は、一見単調に思えるかもしれません。しかし、「百ます計算」では先生がストップウォッチを手に一人ひとりの時間をはかり、暗唱では全員で読み上げをしたあとに、次々と子どもを指名して暗唱させるなど、実際にはとても緊張感あふれるスピーディーな授業が展開されるのです。

　このため「陰山メソッド」では、読み書き計算といった基礎学力が向上するだけでなく、子どもたちの集中力が目ざましく強化されていきます。また、単純な内容を反復することで、脳自体がパワーアップすることも確認されています。

　現在（平成17年）私が校長をつとめる土堂小学校では、2年前からこの学習法を授業に取り入れています。そして、授業についていくのが大変だった子どもが今では学力テストで全国の平均くらいにまで力を伸ばし、6年生のクラスでは知能指数の平均が120近くに達しています。脳そのものをきたえ、子どもたちの潜在的な力を引き出すことこそ、反復学習の目的なのです。

陰山英男（かげやま ひでお）
広島県尾道市立土堂小学校校長。1980年、岡山大学法学部卒業。小学校教員として兵庫県尼崎市立園和小学校、兵庫県城崎郡日高町立（現豊岡市立）三方小学校を経て、兵庫県朝来郡朝来町立（現朝来市立）山口小学校に赴任。「読み書き計算」を中心とした学力づくりを10年以上にわたって続け、卒業生のなかから難関大学合格者が続出するなどめざましい成果をあげた。2003年より現職。2005年春より中央教育審議会義務教育特別部会委員もつとめる。おもな著書に『「陰山学級」学力向上物語』（PHP研究所）、『徹底反復「百ます計算」』『陰山英男の「校長日記」』『欠点を長所にすると学力はぐーんと伸びる！』（いずれも小学館）、『奇跡の学力 土堂小メソッド』（文藝春秋）ほか多数。

健康的な生活習慣を取りもどすことも、子どもを伸ばす必須条件

近年のゆとり教育の流れのなかで、日本の子どもたちの学力は低下の一途をたどってきました。この国の教育はいまや崩壊寸前だと私は確信しています。しかもOECD（経済協力開発機構）がおこなった調査では、子どものテレビを見る時間が世界でいちばん長い国、家庭学習の時間がいちばん短い国、お手伝いもしない国が日本です。つまり家庭教育も壊滅状態なのです。

そういう環境のなかで厳しさを知らずに育ち、めんどうなことをいやがる子どもたちにとって、同じ問題を何度も、しかも強制的にやらされるというのは、最初は苦痛かもしれません。そのうえ、計算のスピードを先生がいちいちはかる、暗唱する文章が小学生にはなじみのないものであるなど、それなりの負担もあります。

しかし、昨日よりも速くかけ算ができるようになった、大人がびっくりするようなむずかしい文章を言えるようになったという達成感は、大きな自信とやる気につながり、どの子も急速に伸びていきます。

ただし、いくら有効な学習方法を取り入れたとしても、夜ふかしをして睡眠不足で朝ご飯も食べないのでは、頭は働かないし、集中力も続かなくて、とても学ぶことなどできません。テレビやコンピュータに向かう時間は1日2時間までにしてください、朝食はかならず食べさせてくださいと、私はいつも保護者に話すようにしています。家族のきずなや健康的な生活習慣を取りもどすことも、子ど

もを伸ばすための必須条件。「陰山メソッド」と生活改善は、切っても切れないセットなのです。

反復練習により、子どもも、先生も、生き生きと変わった

土堂小学校でこの「陰山メソッド」を実践するにあたり、はじめは先生たちにもとまどいがありました。どの先生にも教師としての経験と自負があるわけですから、新任校長が持ち込んだものを一方的に受け入れることにも抵抗を感じたかもしれません。とにかく週3時間だけ私のやり方をためしてくれれば、あとはそれまでどおりでかまわない、というところからの出発でした。

ところが反復学習により、子どもたちはぐんぐん変わっていきました。集中力がつき、成績の面でもそれぞれ目に見える進歩が表れ、表情も声もはつらつとしてきたのです。

子どもたち以上に変わったのは先生たちです。子どもたちの変化をまのあたりにして、モジュール授業（45分の授業を15分ずつ3つに区切っておこなう授業）への意欲がひじょうに高まりました。これは私の指導のたまものなどではもちろんありません。「生き生きとした子どもたちの姿、まだ見たことのない姿を、もっともっと見てみたい」、「どこまでできるのか、この子たちの可能性をもっと引き出したい」。そんな思いが、一人ひとりの先生を動かしたのだと思います。

英語でも、反復学習が成果を生むと確信

平成14年に研究開発学校としての指定を受

けたことをきっかけに、土堂小学校には新教科設置構想のもと、「郷土科」「情報科」「英語科」という3つの特設教科がもうけられました。この英語科でも藤井弘之先生たちを中心に、15分のモジュール授業を通じた反復学習を導入しています。

具体的には、(株)アルクと共同で開発した反復学習用の英語教材などを使いながら、"I like spaghetti." "I get up at seven o'clock."といった、子どもたちの身のまわりのことを表現するかんたんな英文をくり返し言うところから始めて、わずか4カ月ほどで、クラス全員がケネディ大統領やキング牧師の演説の一節を暗唱するレベルに達しました。

さらに意外だったのは、文字指導は一切おこなっていないにもかかわらず、子どもたちがおぼえた英文や発音を手がかりに、やさしいものならはじめて見た文章でもなんとなく読めるようになっていたことです。これはまったく予想外で、教えている先生自身もたいへんおどろいたことでした。

もちろんここまでの急速な進歩は、日頃から国語や算数の反復学習を通じて基礎力をやしなってきた子どもたちだからこそ、可能だったことです。しかしそれをさし引いて考えても、基本的な内容を何度もくり返して確実に身につけることが、子どもの初期の英語教育において大きな成果を生むことは、この経験から明らかになりました。

大人の先入観をくつがえす、子どものかぎりない能力を信じて

言語はすべての学習の土台であり、外国語を学ぶことで子どもの脳には新たな可能性が開けます。とくに小学校の年代の子どもたちは、まさに言語を習得する過程にありますから、日本語・英語を問わず、ことばを学ぶには「旬」の時期なのです。

基本的な英文を、毎日短時間、集中的に反復して暗唱することにより、子どもの口からは英文がすらすら出てくるようになってきます。

こうしてやしなった基礎力を応用して、自分のことや身近なことを英語で話し、ある程度の自己表現ができることまでを、本書の「スピーチ編」ではめざしています。

本書の後半には「名言編」として、有名な英語の詩や演説の一節などを収録してあります。英語のリズムを感じながら暗唱してみてください。今は完全に意味が理解できなくてもかまいません。土堂小学校の子どもたちは、国語でも古典を暗唱する練習をしています。文章の内容や真意が理解できない部分もあるでしょうが、いつかそれがわかるようになったとき、かつて暗唱した名文に新たな感動をおぼえてくれるものと思っています。英語の暗唱も同様で、時代を動かした名演説や美しい詩は、かならずや未来の自分への豊かな贈り物になるはずです。

「できっこない、この子にはむずかしすぎる」という大人の先入観を、子どもたちはいつも、ものの見事にくつがえしてくれます。けっしてマジックなどではなく、子どもたちの頭脳パワーを効率よく開花させるのが反復メソッドなのです。反復練習による英語学習の成果を、本書を通じてひとりでも多くの方が実感されるよう願ってやみません。

藤井弘之先生の
土堂小学校　英語への挑戦

「反復練習」により、確実な効果を出そうと、新しい英語教育のあり方に果敢にチャレンジする藤井弘之先生。その藤井先生の英語への挑戦について、レポートします。

＊取材をおこなったのは、平成17年度です。

■ 国語や算数で実績のある
■ 「反復練習」を、英語にも

土堂小学校で英語の授業が始まったのは、実践研究校に指定された平成14年度。「郷土科」「情報科」「英語科」という、3つの特設教科が新設されたことによる。陰山校長が着任する1年前のことだ。

平成15年度に陰山校長が就任してからは、モジュール授業が学校に導入された。モジュール授業とは、45分の授業時間を15分ずつ3つに分割しておこなう授業のこと。ここで反復練習による指導をして、基礎学力の強化をはかることがねらいだ。毎日短時間集中して、基本事項を徹底的に反復するこの指導法

は、陰山校長が山口小学校の教諭時代に実践して大きな成果をあげたことで知られる。

この反復練習を中心とした土堂小学校のモジュール授業は、国語や算数といった主要教科から始まった。英語科では、平成15年度の3学期から通常の45分授業と並行して試験的におこない、翌16年度に正式に導入された。それ以来同校の英語科は、週1回の45分授業にモジュール授業を組みあわせた二本立てで授業をおこなっている（表を参照）。その内容は学年によりさまざまだが、全学年が年間25〜35時間の英語科の授業を受けている。

英語科専科の先生が授業プランをたてる45分授業に対し、モジュール授業は教材選びもふくめて活動内容が各担

土堂小学校英語科年間授業時数（1授業〈45分〉を1時間とする）

＊平成17年度

学年	総授業時数	45分授業	15分モジュール
1年生	27時間	15時間	12時間（36モジュール）
2年生	25時間	20時間	5時間（15モジュール）
3年生	35時間	30時間	5時間（15モジュール）
4年生	35時間	30時間	5時間（15モジュール）
5年生	35時間	30時間	5時間（15モジュール）
6年生	35時間	30時間	5時間（15モジュール）

任にまかされている。いまやこのモジュール授業が土堂小の英語科の特色ともいえるが、反復練習のメソッドを英語に応用するのは、陰山校長にとっても、土堂小学校にとってもはじめての試みだった。研究開発学校の指定を受けている以上、先進的な教育実践をおこない、研究し、成果を発表することも求められる。

英語版の反復練習を、藤井弘之先生が実践

反復練習を具体的にどう英語指導に組み込めば、子どもたちの可能性を最大限に引き出せるのか。その実践をおこない、メソッドを開発する役目をになったのが、当時（平成16年度）5年生の担任だった藤井弘之先生である。これには校長の次のような判断があった。

「新しい試みを全校で足並みそろえておこない、みんなで試行錯誤をくり返していては、ものごとがなかなか前に進まない。それよりも、まずしっかりとした成功例をひとつつくり、それを学校全体に広げる形で、英語科の指導の質を引き上げるほうが合理的です。中学校の英語教員資格をもち、モジュール授業で国語の暗唱などを指導してきた実績がすでにある藤井先生に、ここは先頭を切って走ってもらおうと考えました」

現在（平成17年度）、土堂小の英語に関しては、6年生になったこの藤井学級をモデルクラスとして、先生たちの教材の共有や授業参観、教育関係者を招いての研究授業、研究発表が活発におこなわれている。

藤井先生は、自分のめざす英語の授業のあり方について、こう語る。

「絵を描いたりゲームをしたりという小学校の英語活動はたしかに楽しいけれど、これではほんとうに英語ができるようにはならないと強く感じていました。でも、じゃあどうしたらいいかというと、方法がわからない。

そこへ校長から、基本をくり返し練習させるという『反復メソッド』の手法を英語指導にも生かせないか、と提

藤井弘之（ふじい ひろゆき）
広島県尾道市立土堂小学校教諭。1991年、山口大学教育学部卒業。広島県豊浜町立豊浜中学校、広島県世羅町立大田小学校、広島県世羅町立大見小学校を経て、2003年より現職。2005年度は6年生を担任。小学校英語科における英文の暗唱学習に重点的に取り組み、その可能性をさぐっている。信条は、「子どもを伸ばす」こと。そのためにさまざまな学習活動に挑戦している。

> 藤井弘之先生の
> # 土堂小学校　英語への挑戦

案されたのです。小学校英語では、もしかしたらタブーに近いようなやり方かもしれませんが、国語や算数ではすでに成果があがっている。英語にも応用できないはずはないと思いました」

■まずは、「英語ぎらい」と「はずかしい」の脱却からスタート

前年からのもち上がりで、藤井先生が担当する6年生のクラスは全部で18人。子どもたちは、4年生のときから、45分授業を通じて1年ほど英語にふれた経験をもっている。しかし藤井先生が担任になった5年生の春の時点で、彼らはどちらかというと「英語ぎらい」だったという。

「わからない、むずかしいというほかに、みんなの前でなれない発音を口にしたり、間違って笑われたりするのがはずかしいという意識が根底にあったよう

です。まずその意識をなくし、大きな声で発話してもはずかしくない、失敗しても笑われないという、自信や安心感をもたせるところから始めなければなりませんでした。たいへんでしたね」

そこで、遊びの要素をまじえながら英語になれさせる目的でとり入れたのが、市販の英語カルタだった。CDの英語を聞いて絵札を取るという単純なものだが、最初はだれも取ることができなかった。

「『絶対にだいじょうぶ、すぐにどんどん取れるようになるから』とはげまして、とにかくやらせましたね。私からは意味の解説など一切しませんが、すべてのカードにテニス、ハンバーガーなど、半分日本語化した英語がふくまれています。そういう単語をヒントに絵札が取れるようになるまで、それほど時間はかかりませんでした」

いっぽうで、英語とは関係のない合唱や音読を通じて、人前でしっかり声を出

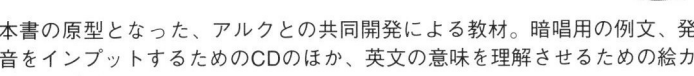

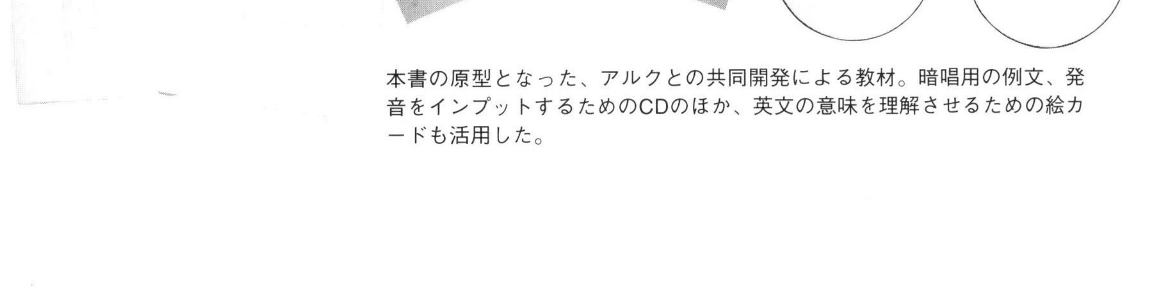

本書の原型となった、アルクとの共同開発による教材。暗唱用の例文、発音をインプットするためのCDのほか、英文の意味を理解させるための絵カードも活用した。

す訓練にも力を入れた。英語に対する子どもたちの苦手意識や、人前で声を出すことへの抵抗がなくなってきた6月ごろに、クラスは本書の原型ともなった「暗唱用教材」に取り組み始めた。

この「暗唱用教材」は、陰山校長と月刊誌『子ども英語』の取材をきっかけに知り合った（株）アルクの山口編集長との話しあいにより生まれたもので、「100例文」と「名言集」の2つのパートからなる。

「100例文」は、陰山校長の「子どもが自分のことを英語で言えるようになる、暗唱用の例文のカリキュラムをつくってはどうか」という発案のもと、アルクの開発チームの協力によって開発された。いっぽうの「名言集」は、子どもたちへの未来のプレゼント。日本の古典文学を暗唱するのと同じ感覚で、今は意味がわからなくても、将来心の財産となるような名言を彼らに伝えていこうという意図のもと、開発されたものである。

スピード感あふれる100例文の実践

6月にまず着手されたのは、「100例文」のカリキュラムであった。「100例文」は、子どもたちが日常生活ですぐにでも言ってみたいと思うようなこと、つまり自分のことや好きな食べ物、得意な教科、毎日の生活といった身のまわりのことを表現するための英語例文集。"I like spaghetti." "I get up at seven o'clock." "Do you like music?"など、シンプルな英文が中心となっている。この英文を模造紙に大きく書き出して黒板にはり、暗唱の反復練習をさせるのである。

まずは本書にも収録されているチャンツのCDを使って、リズムにのりながら英文を復唱し、英語ならではのイントネーションをからだでおぼえる。次のステップでは、藤井先生が模造紙の文字を指さしながら、軽快に英文を読

↑大きな声で暗唱する子どもたち。全身で英語のリズムを感じて、思わずからだが動く。みんなで声を出したあとは、ひとりずつ順に暗唱する。うまくできれば、藤井先生は「よし、よくできた！」とすかさずほめる。

↓模造紙に書き出された暗唱用の例文

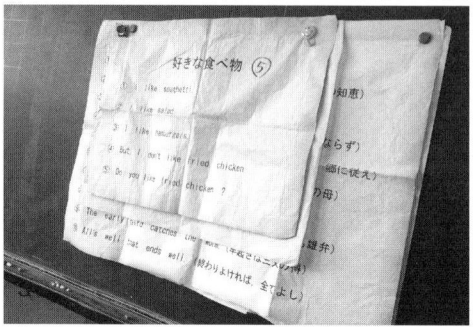

み上げ、子どもたちが間髪いれずに同じ英文を口にする。ゆっくりとおこなわず、初心者にはやや速いのではと思われるナチュラルスピードで、テンポよく進めるのが特徴でもある。

なじみのない文字を追って英語を口にすることは、子どもにとってはかなりの負担となっているはず。カルタ取りにはゲーム的な要素があったが、暗唱はスピード感あふれるくり返しが中心だ。「最初の5つの英文は、とほうもなく長いものに思えた」と、藤井先生はふり返る。

「でも、はじめの5つに1カ月かかったものが、次の5つでは3週間、そのまた次は2週間というように、おぼえるためにかかる時間は着実に短くなっていきました。国語の授業で暗唱になれていることもあったかもしれませんが、小学生でここまで英文暗唱ができ

子どもたちが長い文章の暗唱にはじめてチャレンジしたのが、このケネディ大統領の演説の一節。今では、ほぼ自然に近いスピードで、感情を込めて暗唱できる。

るようになるとは、正直なところ、私自身が予想していませんでした」

藤井先生の予想は、このあとも続々といい意味で裏切られていくこととなる。

4カ月でケネディ大統領、キング牧師の演説を暗唱する

短文暗唱になれてくるにつれ、あまりかんたんな内容では、子どもたち自身がものたりなく感じるようになってきたと藤井先生は言う。

夏休みも終わり10月に入るころ、藤井学級の子どもたちは、これまでよりはるかに高いハードルにチャレンジした。英語の名言の暗唱。それも、ケネディ大統領のあの有名な就任演説からの抜粋だ（本書p.114参照）。

模造紙には、いつもよりずっと長い英語の文章。それを見た子どもたちの反応を、先生はこんなふうにふり返る。

「『ゲッ！』『ムリ！』という感じでしたね。拒絶反応というのではないけれど、こんなに長い英語の文章が、暗唱できるはずはないという意味だったのでしょう」

それをはげましたりほめたりしながら、練習を重ねること約2週間、「言える！」「おぼえた（暗唱できる）」という子どもが出てきた。おもしろいもので、ひとりが難関を突破すると、あと

に続く子どもがふえ、加速度的にクラス全員に広がっていった。

　藤井学級のチャレンジは続く。次に取りあげたのは、「私には夢がある」というせりふで有名なキング牧師の演説（I Have a Dream）だ（本書pp.122-123参照）。この新しい課題をはじめてはり出したとき、先生は子どもたちの大きな変化に気づいたという。じっと模造紙を見つめて、もぞもぞ口を動かしているのだ。

　「思わず『なに？　読めるの？』とたずねると、『なんとなく』と返ってきました。読ませてみると、たしかになんとなくではあるけれど、かなり正確な発音でキング牧師のスピーチを読んでいたのです。その瞬間、これはいけると感じました。

　今にして思えば、『100例文』の短文暗唱にすっかりなれた夏くらいから、彼らの頭のなかでは文字と音とが結びつき始めていたのでしょう。文字指導はしていませんでしたが、暗唱のときはいつも英文をはり出していましたから。子どもたちはいつの間にか、『文字を見てそれを発音できる』という武器を手に入れていたのです。これはほんとうにうれしかったですね」

　平成16年11月におこなわれた公開研究授業。当時5年生だった藤井学級は、ここまでの成果を外部に向けて公開した。近隣や県外から集まった小学校の先生、中学の英語教師、大学の研究者、マスコミ関係者らでうめつくされた教室で、子どもたちはいつもと変わりなく、のびのびと短文暗唱を披露し、さらに、キング牧師の演説を暗唱してみせた。

　さらに先生は、この日はじめて、あらかじめ用意していたキング牧師の肉

平成16年11月におこなわれた研究授業の様子。全国から見学者が訪れ、英語の授業を公開した藤井先生の教室は満員になった。ここで子どもたちが披露したケネディ大統領やキング牧師の演説の暗唱は、見た人たちに強い印象を与えた。

藤井弘之先生の
土堂小学校　英語への挑戦

声を収録したCDを使い、ほんものの演説の一部を聞かせたのである。子どもたちは食い入るように耳をすましている。そして自分たちが暗唱した部分に演説がさしかかったとき、彼らの間からいっせいにどよめきがおこった。「あ、ここだ！」「ほんとうに僕がおぼえたとおりに話してる！」「わかる、わかる！」という感動が、一人ひとりの子どもから伝わってくる。

「外国の人が話していることが自分に理解できるという感動を、みんなに経験させてやれたこと。あの研究授業でいちばんよかったなと思うのは、まさにそこなのです。

小学校の担任教師が英語を教えることについて、発音などの点で不安の声があることは承知しています。できるかぎりCDやビデオ、ALTの協力などでおぎなっていますが、発音よりも重要なのは、間違うことをおそれず英語でコミュニケーションしてみよう、外国の文化を理解しよう、という意識や態度を子どもたちのなかに育てることです。土堂小学校では、そういう英語教育をめざしています」

子どもの急激な伸びに、先生もおどろくばかり

もうひとつのエピソードとして、藤井先生は研究発表会から約半年たったころの体験を披露してくれた。

「『ごんぎつね』という日本のお話の英語版を授業で暗唱させてみました。成果については今の段階ではまだ確信できていませんが、間違いなく言えるのは、耳から聞いた英文の意味を、子どもたちがちゃんと理解しているということです。

この研究授業では、「100例文」「名言集」などの教材をふくむ英語科の資料が無料で配布された。

藤井弘之先生の
土堂小学校　英語への挑戦

「"There is a little fox in the mountain."（山に小さなキツネがいます）という一文を示し、『家のなかに小さな犬がいます、と言ってごらん』と言うと、"There is a little dog in the house."という答えがすぐに返ってきます」

この例からも、また、知らず知らずのうちに音と文字が結びついていくことからも、英語の短文や名言の暗唱というつみ重ねがけっして単なるまる暗記に終わらず、子どもたちのなかでしっかり根をはり、ゆるぎない土台を築いていたことがわかる。

「ひとつ何かができるようになると自信がつきます。もっと上をめざしたいと、子どもたち自身のなかに意欲がわいてくる。それは、ほんとうにおどろきの連続でした。子どもたちが次々に見せてくれる新しい顔、新しい可能性にひかれ、『この子たちは、いったいどこまでやれるのだろう』という思いに導かれて、ここまでやってきた気がしています」

5年生になったばかりの春、8割近くの子どもが「英語はきらい」「わからない」と言っていた。その同じ子どもたちが、英語カルタから始めて、わずか4カ月ほどで英語の演説が暗唱できるまでになる。たった1年で、はじめて見る英文でもかんたんなものなら、なんとなく読めるようになる。おぼえた英文を応用して新しい英文をつくることまでできるようになる。

信じられない話のようだが、土堂小学校ではそれがすべて実現されている。しかもみんなふつうの子どもたちだ。指導は15分モジュールというかぎられた時間が中心、宿題も出さずに、である。

こうした経験を手がかりに、次の段階として、インタラクティブな会話ができるレベルをめざしたいと藤井先生は語っている。

「暗唱することを中心としたこれまでの指導に加え、おぼえた表現を応用して対話ができるようになることが、今後の課題です。中学、高校の英語にスムーズにつなげ、なおかつ英語で臆せずコミュニケーションができるようになる、そのための土台づくりが私たちの英語への取り組みなのだと思っています」

「子どもたちをよく見ていると、それぞれの子の次のステップへの可能性がちらっと見える瞬間があります。そんなときに、『この子はもっとやれるはずだ』と確信しますね」　そんな瞬間を見逃さず、藤井先生は子どもの前進を後押しし、さらに次のステップを用意する。

スピーチ編

自分のことや身のまわりのことを、英語で言うための英語と例文です。step 1で単語、step 2は例文を、声に出して言う練習をします。step 3では、例文の単語をどんどん入れかえて、自分の好きなことを自由に言ってみよう。

自己紹介

Step 1 単語

①チャンツのCDを聞いて発音する
②自分の力で、絵と文字を見て言ってみる

1	one	1 ★例文8
2	two	2 ★例文8
3	three	3 ★例文8
4	four	4 ★例文8
5	five	5 ★例文8
6	six	6 ★例文8

| なまえ： | 月 日 | 月 日 |

7	☐☐ **seven**	★例文8 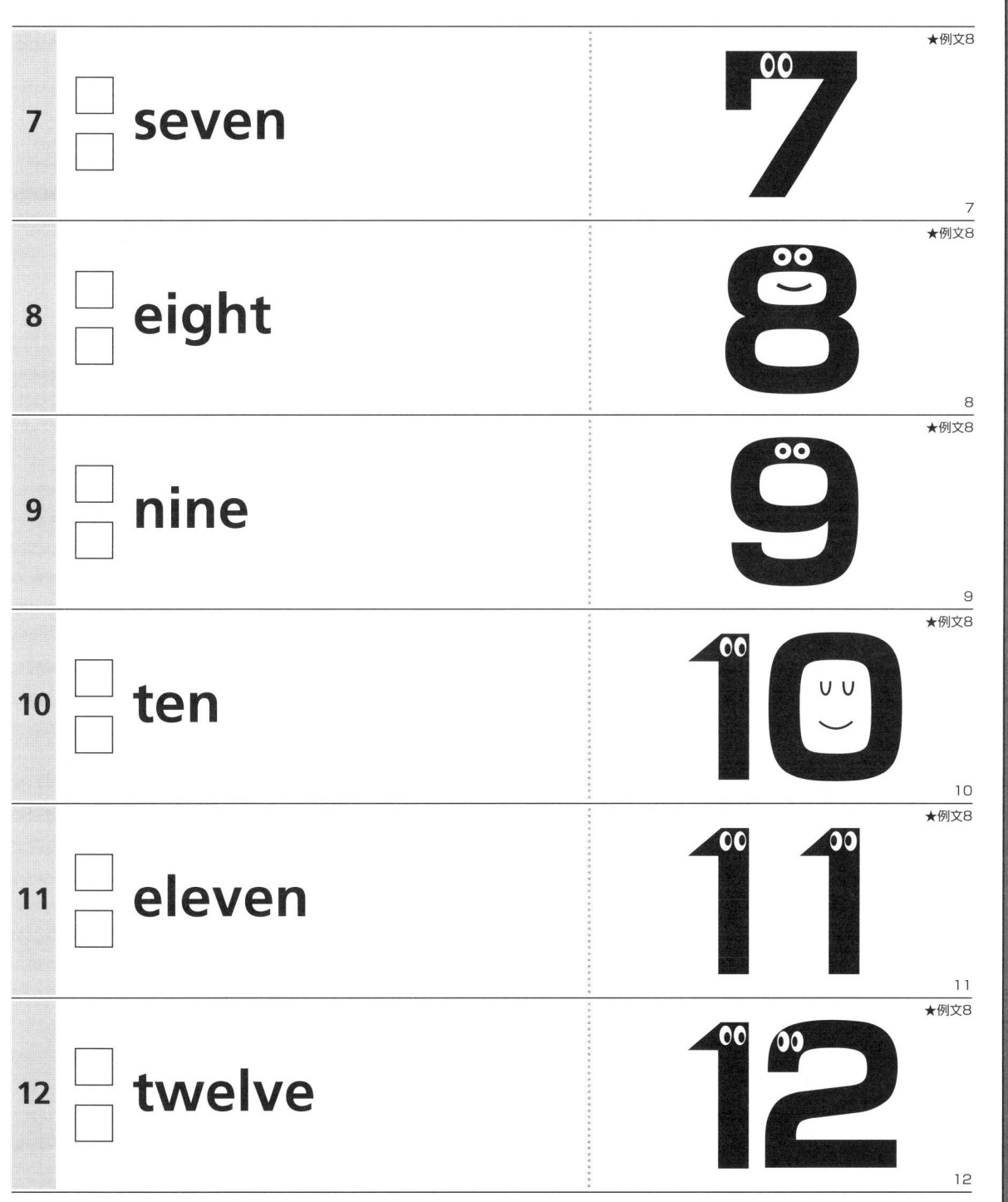 7
8	☐☐ **eight**	★例文8 8
9	☐☐ **nine**	★例文8 9
10	☐☐ **ten**	★例文8 10
11	☐☐ **eleven**	★例文8 11
12	☐☐ **twelve**	★例文8 12

自己紹介

Step 1 単語

① チャンツのCDを聞いて発音する
② 自分の力で、絵と文字を見て言ってみる

★例文6

13 □□ **first** — 1番目の

★例文6

14 □□ **second** — 2番目の

★例文6

15 □□ **third** — 3番目の

★例文6

16 □□ **fourth** — 4番目の

★例文6

17 □□ **fifth** — 5番目の

【おうちの方・先生へ】
● first、secondという数の数え方は序数といいます。前にtheをつけて、"the first..."「1番目の〜」、"the second..."「2番目の〜」という使い方をします。
● 本書では「〜年生」という言い方を練習するのでsixth（6番目の）までしか使いませんが、そのほかのものの順番を数えるときには、もっと大きな数も使ってみましょう。

18	☐ ☐	**sixth**	★例文6 6番目の
19	☐ ☐	**seventh**	7番目の
20	☐ ☐	**eighth**	8番目の
21	☐ ☐	**ninth**	9番目の
22	☐ ☐	**tenth**	10番目の

なまえ：

月　日　　月　日

自己紹介

Step 1 単語

① チャンツのCDを聞いて発音する
② 自分の力で、絵と文字を見て言ってみる

23	January	1月
24	February	2月
25	March	3月
26	April	4月
27	May	5月
28	June	6月

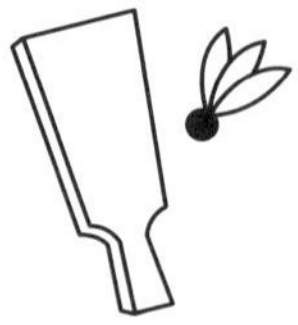

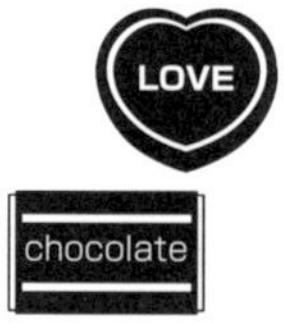

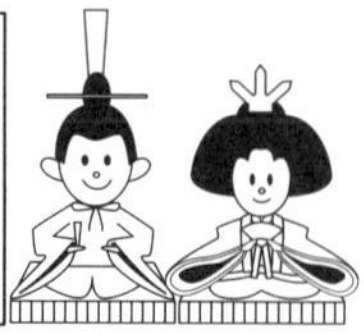

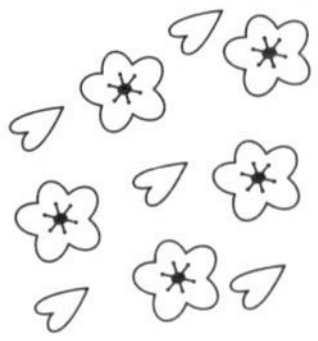

★例文7

【おうちの方・先生へ】
● はじめから全部おぼえるのがむずかしい場合は、まず自分の誕生月から言えるようになるといいでしょう。

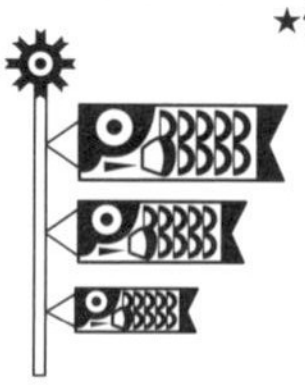

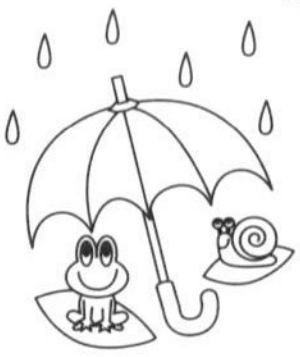

なまえ：	月 日	月 日

29 ☐☐ **July**

7
Sun.	Mon.	Tue.	Wed.	Thu.	Fri.	Sat.
					1	2
3	4	5	6	7	8	9
10	11	12	13	14	15	16
17	18	19	20	21	22	23
24/31	25	26	27	28	29	30

★例文7
7月

30 ☐☐ **August**

8
Sun.	Mon.	Tue.	Wed.	Thu.	Fri.	Sat.
	1	2	3	4	5	6
7	8	9	10	11	12	13
14	15	16	17	18	19	20
21	22	23	24	25	26	27
28	29	30	31			

★例文7
8月

31 ☐☐ **September**

9
Sun.	Mon.	Tue.	Wed.	Thu.	Fri.	Sat.
				1	2	3
4	5	6	7	8	9	10
11	12	13	14	15	16	17
18	19	20	21	22	23	24
25	26	27	28	29	30	

★例文7
9月

32 ☐☐ **October**

10
Sun.	Mon.	Tue.	Wed.	Thu.	Fri.	Sat.
						1
2	3	4	5	6	7	8
9	10	11	12	13	14	15
16	17	18	19	20	21	22
23/30	24/31	25	26	27	28	29

★例文7
10月

33 ☐☐ **November**

11
Sun.	Mon.	Tue.	Wed.	Thu.	Fri.	Sat.
		1	2	3	4	5
6	7	8	9	10	11	12
13	14	15	16	17	18	19
20	21	22	23	24	25	26
27	28	29	30			

★例文7
11月

34 ☐☐ **December**

12
Sun.	Mon.	Tue.	Wed.	Thu.	Fri.	Sat.
				1	2	3
4	5	6	7	8	9	10
11	12	13	14	15	16	17
18	19	20	21	22	23	24
25	26	27	28	29	30	31

★例文7
12月

自己紹介

  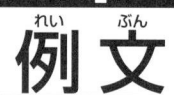

①チャンツのCDを聞いて発音する
②自分の力で、絵と文字を見て言ってみる

1. ☐☐ Hi. I'm Hideo .

こんにちは。ぼくはヒデオです。

2. ☐☐ Nice to meet you.

はじめまして。

3. ☐☐ Please call me "Hide".

「ヒデ」って呼んでください。

4. ☐☐ I live in Onomichi.

わたしは尾道に住んでいます。

【おうちの方・先生へ】
- ☐ の部分には、自分の名前やニックネーム、住んでいる場所、通っている小学校の名前などを入れて、自分のことを英語で説明してみましょう。
- "Nice to meet you." は、はじめて会う人とかわすあいさつです。

5	☐ I go to Tsuchido ☐ Elementary School.	わたしは土堂小学校に通っています。
6	☐ I'm in the fourth ☐ grade.	わたしは4年生です。
7	☐ My birthday is ☐ in January.	わたしは1月生まれです。
8	☐ ☐ I'm ten years old.	わたしは10歳です。

Step 3 応用 下線のところを、**Step 1**でおぼえた単語（語句）に入れかえて、自分のことを言ってみましょう

27

好きな教科・時間割

Step 1 単語

①チャンツのCDを聞いて発音する
②自分の力で、絵と文字を見て言ってみる

35	☐☐ math	★例文9〜18、120 算数
36	☐☐ PE	★例文9〜18、120 体育
37	☐☐ music	★例文9〜18、120 音楽
38	☐☐ Japanese	★例文9〜18、120 国語（日本語）
39	☐☐ science	★例文9〜18、120 理科
40	☐☐ social studies	★例文9〜18、120 社会

なまえ：

41	☐☐ **English**	★例文9〜18、120
42	☐☐ **arts and crafts**	★例文9〜18、120 図画工作
43	☐☐ **home economics**	★例文9〜18、120 家庭科
44	☐☐ **moral education**	★例文9〜18、120 道徳
45	☐☐ **computer class**	★例文9〜18 コンピュータ（の授業）

41 English — 英語
42 arts and crafts — 図画工作
43 home economics — 家庭科
44 moral education — 道徳
45 computer class — コンピュータ（の授業）

【おうちの方・先生へ】
● mathはmathematics、PEはphysical educationの略語です。
● このページの語句は、「算数」「体育」という教科の名前としても、「音楽の授業」「国語の授業」という授業をさすことば
　としても使えます。
● p.32の例文 9 〜13では、math、Englishなどが教科の名前として使われています。p.33の例文14〜18では、arts and crafts、
　PEなどが授業をさすことばとして使われています。

好きな教科・時間割

Step 1 単語

① チャンツのCDを聞いて発音する
② 自分の力で、絵と文字を見て言ってみる

46	Monday	月曜日
47	Tuesday	火曜日
48	Wednesday	水曜日
49	Thursday	木曜日
50	Friday	金曜日
51	Saturday	土曜日
52	Sunday	日曜日

なまえ：

| 月 日 | 月 日 |

CD-1 ◎ 9

53 ☐☐ **Mondays**

★例文14〜18、104〜110

日	月	火	水	木	金	土
1	**2**	3	4	5	6	7
8	**9**	10	11	12	13	14
15	**16**	17	18	19	20	21
22	**23**	24	25	26	27	28
29	**30**	31				

毎週月曜日

54 ☐☐ **Tuesdays**

★例文14〜18、104〜110

日	月	火	水	木	金	土
1	2	**3**	4	5	6	7
8	9	**10**	11	12	13	14
15	16	**17**	18	19	20	21
22	23	**24**	25	26	27	28
29	30	**31**				

毎週火曜日

55 ☐☐ **Wednesdays**

★例文14〜18、104〜110

日	月	火	水	木	金	土
1	2	3	**4**	5	6	7
8	9	10	**11**	12	13	14
15	16	17	**18**	19	20	21
22	23	24	**25**	26	27	28
29	30	31				

毎週水曜日

56 ☐☐ **Thursdays**

★例文14〜18、104〜110

日	月	火	水	木	金	土
1	2	3	4	**5**	6	7
8	9	10	11	**12**	13	14
15	16	17	18	**19**	20	21
22	23	24	25	**26**	27	28
29	30	31				

毎週木曜日

57 ☐☐ **Fridays**

★例文14〜18、104〜110

日	月	火	水	木	金	土
1	2	3	4	5	**6**	7
8	9	10	11	12	**13**	14
15	16	17	18	19	**20**	21
22	23	24	25	26	**27**	28
29	30	31				

毎週金曜日

58 ☐☐ **Saturdays**

★例文14〜18、104〜110

日	月	火	水	木	金	土
1	2	3	4	5	6	**7**
8	9	10	11	12	13	**14**
15	16	17	18	19	20	**21**
22	23	24	25	26	27	**28**
29	30	31				

毎週土曜日

59 ☐☐ **Sundays**

★例文14〜18、104〜110

日	月	火	水	木	金	土
1	2	3	4	5	6	7
8	9	10	11	12	13	14
15	16	17	18	19	20	21
22	23	24	25	26	27	28
29	30	31				

毎週日曜日

【おうちの方・先生へ】
●曜日の名前を複数形にすると、「毎週〜曜日」という意味になります。
●曜日の名前は、通常onを前につけて「〜曜日に」という言い方をします。

31

好きな教科・時間割

Step 2 例文

①チャンツのCDを聞いて発音する
②自分の力で、絵と文字を見て言ってみる

9	☐☐	I like math.	わたしは算数が好きです。
10	☐☐	I like English.	わたしは英語が好きです。
11	☐☐	I like PE.	わたしは体育が好きです。
12	☐☐	I don't like music.	わたしは音楽は好きではありません。
13	☐☐	Do you like music?	あなたは音楽が好きですか？

なまえ：

月　日　　月　日

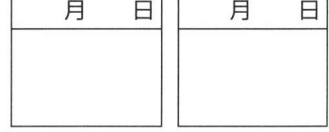

14
☐ **I have English**
☐ **on Mondays.**

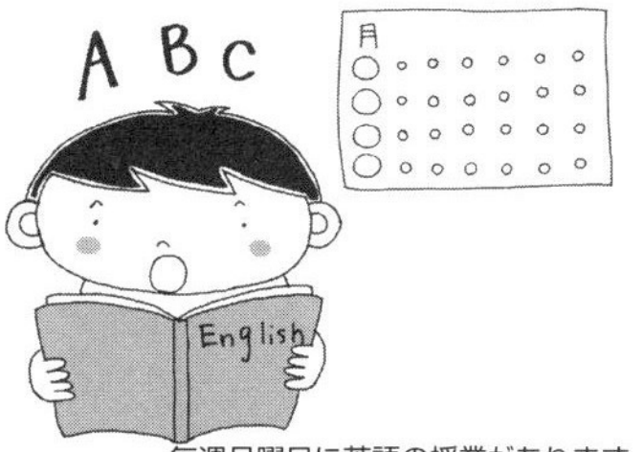

毎週月曜日に英語の授業があります。

15
☐ **I have Japanese**
☐ **on Tuesdays.**

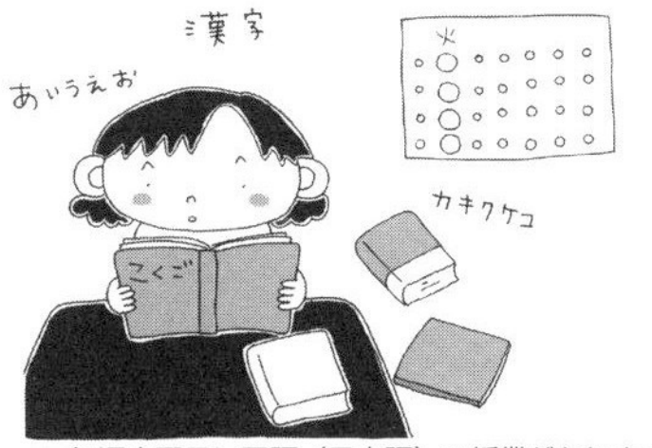

毎週火曜日に国語（日本語）の授業があります。

16
☐ **I have**
☐ **arts and crafts**
　on Wednesdays.

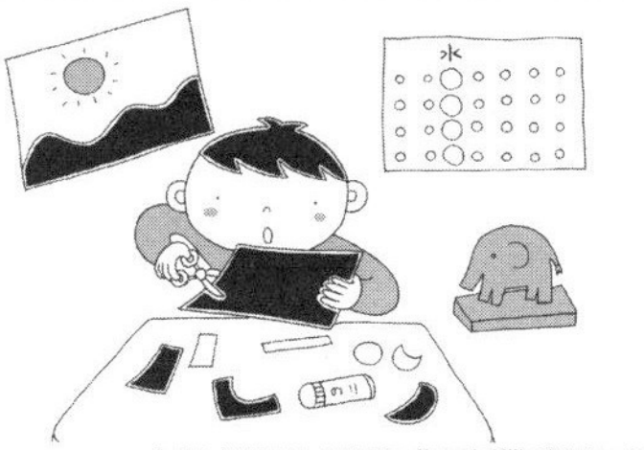

毎週水曜日に図画工作の授業があります。

17
☐ **I don't have PE**
☐ **on Thursdays.**

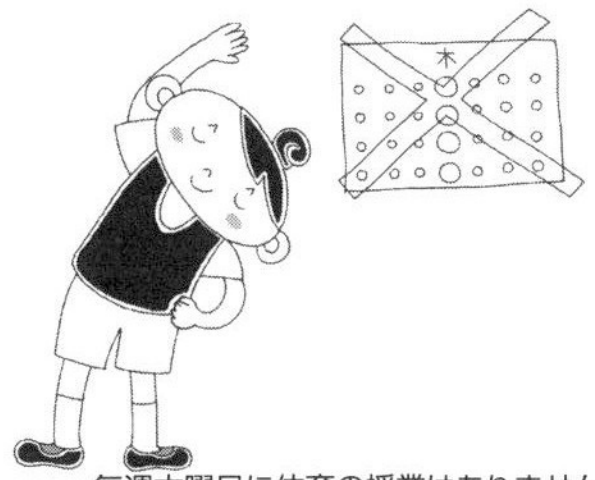

毎週木曜日に体育の授業はありません。

18
☐ **Do you have PE**
☐ **on Thursdays?**

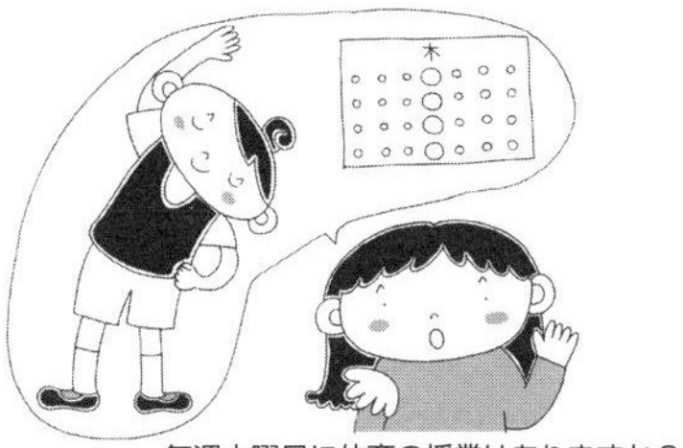

毎週木曜日に体育の授業はありますか？

Step 3	**応用**	下線のところを、**Step 1**でおぼえた単語（語句）に入れかえて、自分のことを言ってみましょう

好きな動物・食べ物

Step 1 単語

①チャンツのCDを聞いて発音する
②自分の力で、絵と文字を見て言ってみる

60	☐☐ dogs	★例文19〜23、69〜73 　イヌ
61	☐☐ elephants	★例文19〜23、69〜73 　ゾウ
62	☐☐ koalas	★例文19〜23、69〜73 　コアラ
63	☐☐ geckos	★例文19〜23、69〜73 　ヤモリ
64	☐☐ tigers	★例文19〜23、69〜73 　トラ
65	☐☐ lions	★例文19〜23、69〜73 　ライオン
66	☐☐ rabbits	★例文19〜23、69〜73 　ウサギ

【おうちの方・先生へ】
●"I like...."のあとに数えられるもの（可算名詞）が続く場合は、ふつう複数形になります（pp.38-39の例文を参照）。
●ここでは例文にあわせて単語も複数形のみを紹介しています。それぞれの単語の単数形はdog、elephant、koala、gecko、tiger、lion、rabbit、giraffe、cat、snake、horse、panda、monkey、frogとなります。

なまえ：		月　日	月　日

67	☐ ☐ **giraffes**	★例文19～23、69～73 キリン
68	☐ ☐ **cats**	★例文19～23、69～73 ネコ
69	☐ ☐ **snakes**	★例文19～23、69～73 ヘビ
70	☐ ☐ **horses**	★例文19～23、69～73 ウマ
71	☐ ☐ **pandas**	★例文19～23、69～73 パンダ
72	☐ ☐ **monkeys**	★例文19～23、69～73 サル
73	☐ ☐ **frogs**	★例文19～23、69～73 カエル

好きな動物・食べ物

Step 1 単語

① チャンツのCDを聞いて発音する
② 自分の力で、絵と文字を見て言ってみる

★例文24〜28、64〜68

74 ☐☐ **hamburgers**

ハンバーガー

★例文24〜28、64〜68

75 ☐☐ **sandwiches**

サンドイッチ

★例文24〜28、64〜68

76 ☐☐ **hot dogs**

ホットドッグ

★例文24〜28、64〜68

77 ☐☐ **French fries**

フライドポテト

★例文24〜28、64〜68

78 ☐☐ **spaghetti**

スパゲティ

★例文24〜28、64〜68

79 ☐☐ **fried chicken**

トリのからあげ

【おうちの方・先生へ】
● "I like...." のあとに数えられるもの（可算名詞）が続く場合は、ふつう複数形になります（pp.38-39の例文を参照）。
● hamburgers、sandwiches、hot dogs は数えられる名詞（可算名詞）で、それぞれ単数形は hamburger、sandwich、hot dog となります。ここでは、例文にあわせて複数形のみを紹介しています。

| なまえ： | 月 日 | 月 日 |

| 80 | ☐☐ **salad** | ★例文24〜28、64〜68 |
| | | サラダ |

| 81 | ☐☐ **pizza** | ★例文24〜28、64〜68 |
| | | ピザ |

| 82 | ☐☐ **gratin** | ★例文24〜28、64〜68 |
| | | グラタン |

| 83 | ☐☐ **ramen** | ★例文24〜28、64〜68 |
| | | ラーメン |

| 84 | ☐☐ **curry and rice** | ★例文24〜28、64〜68 |
| | | カレーライス |

| 85 | ☐☐ **sushi** | ★例文24〜28、64〜68 |
| | | すし |

●French friesは、ふつう１人分にたくさんのポテトが入っているので、常に複数形で言います。
●spaghetti、fried chicken、pizza、gratin、ramen、curry and rice、sushiは数えられない名詞（不可算名詞）です。これらは、"I like...."のあとに続いても、複数形にはなりません。
●saladは、不可算名詞としても可算名詞としても使いますが、"I like...."に続く場合はふつう不可算名詞になります。

好きな動物・食べ物

Step 2 例文

① チャンツのCDを聞いて発音する
② 自分の力で、絵と文字を見て言ってみる

19 I like dogs.

わたしはイヌが好きです。

20 I like elephants.

わたしはゾウが好きです。

21 I like koalas.

わたしはコアラが好きです。

22 I don't like geckos.

わたしはヤモリは好きではありません。

23 Do you like geckos?

あなたはヤモリが好きですか?

なまえ：

| | 月　　日 | 月　　日 |

CD-1 チャンツ **15**　**CD-2** お手本 **5**

24 I like hamburgers.

わたしはハンバーガーが好きです。

25 I like sandwiches.

わたしはサンドイッチが好きです。

26 I like spaghetti.

わたしはスパゲティが好きです。

27 I don't like fried chicken.

わたしはトリのからあげは好きではありません。

28 Do you like fried chicken?

あなたはトリのからあげは好きですか？。

Step 3 応用 　下線のところを、**Step 1**でおぼえた単語（語句）に入れかえて、自分のことを言ってみましょう

39

持っているもの

Step 1 単語

CD-1 ◎ 16

①チャンツのCDを聞いて発音する
②自分の力で、絵と文字を見て言ってみる

86	a pencil case	★例文29〜33 ペンケース
87	a dictionary	★例文29〜33 辞書
88	a ruler	★例文29〜33 定規
89	a handkerchief	★例文29〜33 ハンカチ
90	a pencil	★例文29〜33 えんぴつ
91	a ballpoint pen	★例文29〜33 ボールペン
92	an eraser	★例文29〜33 消しゴム
93	a key	★例文29〜33 カギ

| なまえ： | | 月 日 | 月 日 |

94	☐ ☐	**a comic book**	★例文29〜33 マンガ
95	☐ ☐	**a recorder**	★例文29〜33 リコーダー
96	☐ ☐	**a stapler**	★例文29〜33 ホチキス
97	☐ ☐	**a notebook**	★例文29〜33 ノート
98	☐ ☐	**a sketchbook**	★例文29〜33 スケッチブック
99	☐ ☐	**a painting set**	★例文29〜33 絵の具セット
100	☐ ☐	**a sewing kit**	★例文29〜33 裁縫道具
101	☐ ☐	**a calligraphy set**	★例文29〜33 書道道具

持っているもの

Step 1 単語

① チャンツのCDを聞いて発音する
② 自分の力で、絵と文字を見て言ってみる

102	some pencils	★例文34～38 / 何本かのえんぴつ
103	some pens	★例文34～38 / 何本かのペン
104	some erasers	★例文34～38 / いくつかの消しゴム
105	some keys	★例文34～38 / いくつかのカギ
106	some comic books	★例文34～38 / 何冊かのマンガ
107	some notebooks	★例文34～38 / 何冊かのノート
108	some cards	★例文34～38 / 何枚かのカード

なまえ：

月　日　　月　日

109 ☐☐ **some stickers**

★例文34〜38

何枚かのシール

110 ☐☐ **some stamps**

★例文34〜38

何枚かの切手

111 ☐☐ **some crayons**

★例文34〜38

red　green　orange　Pink　yellow　blue

何本かのクレヨン

112 ☐☐ **some colored pencils**

★例文34〜38

あか　あお　きいろ

何本かの色えんぴつ

113 ☐☐ **some watercolors**

★例文34〜38

あか　あお　きいろ　みどり

何本かの絵の具

114 ☐☐ **some markers**

★例文34〜38

YELLOW　BLUE　RED　GREEN

何本かのマーカー

【おうちの方・先生へ】
●some（いくつかの）の後ろには、複数形の名詞が続きます。ここで扱っている名詞の単数形はそれぞれpencil、pen、eraser、key、comic book、notebook、card、sticker、stamp、crayon、colored pencil、watercolor、markerとなります。

持っているもの

Step 2 例文

①チャンツのCDを聞いて発音する
②自分の力で、絵と文字を見て言ってみる

29 I have a pencil case.

わたしはペンケースを持っています。

30 I have a dictionary.

わたしは辞書を持っています。

31 I have a ruler.

わたしは定規を持っています。

32 I don't have a handkerchief.

わたしはハンカチを持っていません。

33 Do you have a handkerchief?

あなたはハンカチを持っていますか?

CD-1 チャンツ 19 **CD-2 お手本 7**

34
☐ I have
☐ some pencils.

わたしはえんぴつを何本か持っています。

35
☐
☐ I have some keys.

わたしはカギをいくつか持っています。

36
☐ I have
☐ some notebooks.

わたしはノートを何冊か持っています。

37
☐ I don't have
☐ any crayons.

わたしはクレヨンを1本も持っていません。

38
☐ Do you have
☐ any crayons?

あなたはクレヨンを何本か持っていますか？

Step 3 応用

下線のところを、Step 1でおぼえた単語（語句）に入れかえて、自分のことを言ってみましょう

45

できること・得意なこと

Step 1 単語

① チャンツのCDを聞いて発音する
② 自分の力で、絵と文字を見て言ってみる

115	play soccer	サッカーをする ★例文39～43
116	ski	スキーをする ★例文39～43
117	ice-skate	アイススケートをする ★例文39～43
118	swim	泳ぐ ★例文39～43
119	play tennis	テニスをする ★例文39～43
120	play dodgeball	ドッジボールをする ★例文39～43
121	play badminton	バドミントンをする ★例文39～43

| なまえ： | 月 日 | 月 日 |

			★例文39〜43
122	☐ ☐	**play baseball**	野球をする
123	☐ ☐	**play table tennis**	卓球をする
124	☐ ☐	**play basketball**	バスケットボールをする
125	☐ ☐	**play volleyball**	バレーボールをする
126	☐ ☐	**play golf**	ゴルフをする
127	☐ ☐	**run a marathon**	マラソンをする

【おうちの方・先生へ】
●ここで紹介しているのは、「〜（スポーツ）をする」という動作です。それぞれのスポーツの名前はpp.88-89を参照してください。

できること・得意なこと

Step 1 単語

CD-1 ◎ 21

① チャンツのCDを聞いて発音する
② 自分の力で、絵と文字を見て言ってみる

128	cook spaghetti	★例文44〜47 スパゲティをつくる
129	do the laundry	★例文44〜47 洗濯をする
130	fold the laundry	★例文44〜47 洗濯物をたたむ
131	sweep the floor	★例文44〜47 床をはく
132	vacuum the floor	★例文44〜47 床に掃除機をかける
133	sew	★例文44〜47 裁縫をする
134	walk the dog	★例文44〜47 イヌの散歩をする

©陰山英男＆藤井弘之の 反復練習 英語暗唱ノート

			★例文44～47
135		climb a tree	木登りをする
136		catch insects	★例文44～47 虫を捕まえる
137		ride a unicycle	★例文44～47 一輪車に乗る
138		fly a kite	★例文44～47 たこあげをする
139		spin a top	★例文44～47 コマをまわす
140		do magic	★例文44～47 手品をする
141		read English	★例文44～47 英語を読む

できること・得意なこと

Step 2 例文

①チャンツのCDを聞いて発音する
②自分の力で、絵と文字を見て言ってみる

39 I can play soccer.
わたしはサッカーができます。

40 I can ski.
わたしはスキーができます。

41 I can swim.
わたしは泳げます。

42 I can't play tennis.
わたしはテニスはできません。

43 Can you play tennis?
あなたはテニスができますか？

なまえ：

月　日　　月　日

チャンツ CD-1 ◎ 23　お手本 CD-2 ◎ 9

44 ☐ ☐ **I can cook spaghetti.**

わたしはスパゲティがつくれます。

45 ☐ ☐ **I can sweep the floor.**

わたしは床をはくことができます。

46 ☐ ☐ **I can sew.**

わたしは裁縫ができます。

47 ☐ ☐ **I can't walk the dog.**

わたしはイヌの散歩ができません。

48 ☐ ☐ **What can you do?**

あなたは何ができますか？

Step 3 応用　下線のところを、**Step 1**でおぼえた単語（語句）に入れかえて、自分のことを言ってみましょう

51

将来の夢

Step 1 単語

① チャンツのCDを聞いて発音する
② 自分の力で、絵と文字を見て言ってみる

142	a nurse	看護師
143	a firefighter	消防士
144	a teacher	先生
145	a musician	音楽家・ミュージシャン
146	a doctor	医者
147	a police officer	警察官
148	a pilot	パイロット
149	a flight attendant	客室乗務員

★例文49〜52

150	☐ ☐ **a photographer**	★例文49～52 カメラマン
151	☐ ☐ **a homemaker**	★例文49～52 主婦
152	☐ ☐ **a carpenter**	★例文49～52 大工
153	☐ ☐ **a baker**	★例文49～52 パン屋
154	☐ ☐ **a soccer player**	★例文49～52 サッカー選手
155	☐ ☐ **an astronaut**	★例文49～52 宇宙飛行士
156	☐ ☐ **a businessperson**	★例文49～52 ビジネスマン・実業家
157	☐ ☐ **a farmer**	★例文49～52 農家の人

将来の夢

Step 1 単語

①チャンツのCDを聞いて発音する
②自分の力で、絵と文字を見て言ってみる

158　a singer　　歌手

159　a florist　　花屋

160　a dentist　　歯医者

161　a driver　　運転手

162　an engineer　　エンジニア

163　a barber　　床屋

164　a news reporter　　ニュースレポーター

なまえ：

| 月 日 | 月 日 |

チャンツ CD-1 ◎ 26　**お手本 CD-2 ◎ 10**　**Step 2 例文**
①チャンツのCDを聞いて発音する
②自分の力で、絵と文字を見て言ってみる

49
When I grow up,
I want to be
a nurse.

大きくなったら看護師になりたい。

50
When I grow up,
I want to be
a pilot.

大きくなったらパイロットになりたい。

51
When I grow up,
I want to be
a teacher.

大きくなったら先生になりたい。

52
When I grow up,
I want to be
a baker.

大きくなったらパン屋さんになりたい。

53
What do you want
to be when you
grow up?

大きくなったら何になりたいですか？

Step 3 応用
下線のところを、**Step 1**でおぼえた単語（語句）
に入れかえて、自分のことを言ってみましょう

55

誕生日にほしいもの

Step 1 単語
①チャンツのCDを聞いて発音する
②自分の力で、絵と文字を見て言ってみる

165	a computer	コンピュータ
166	a robot	ロボット
167	a telescope	望遠鏡
168	a doll	人形
169	a watch	腕時計
170	a stuffed animal	動物のぬいぐるみ
171	a globe	地球儀
172	a toy plane	模型飛行機

★例文54〜58

CD-1 28

173	☐☐ a pair of boots	★例文59〜62 ブーツ
174	☐☐ a pair of mittens	★例文59〜62 ミトン
175	☐☐ a pair of jeans	★例文59〜62 ジーンズ
176	☐☐ a pair of pajamas	★例文59〜62 パジャマ
177	☐☐ a pair of pants	★例文59〜62 ズボン
178	☐☐ a pair of shoes	★例文59〜62 くつ
179	☐☐ a pair of socks	★例文59〜62 くつ下
180	☐☐ a pair of underwear	★例文59〜62 下着

誕生日にほしいもの

Step 2 例文

① チャンツのCDを聞いて発音する
② 自分の力で、絵と文字を見て言ってみる

54. I want a computer for my birthday.
誕生日にコンピュータがほしいです。

55. I want a robot for my birthday.
誕生日にロボットがほしいです。

56. I want a telescope for my birthday.
誕生日に望遠鏡がほしいです。

57. I don't want a doll for my birthday.
誕生日に人形はほしくないです。

58. Do you want a doll for your birthday?
あなたは誕生日に人形がほしいですか？

なまえ：

| 月 日 | 月 日 |

チャンツ CD-1 30　お手本 CD-2 12

59
I want
a pair of boots
for my birthday.

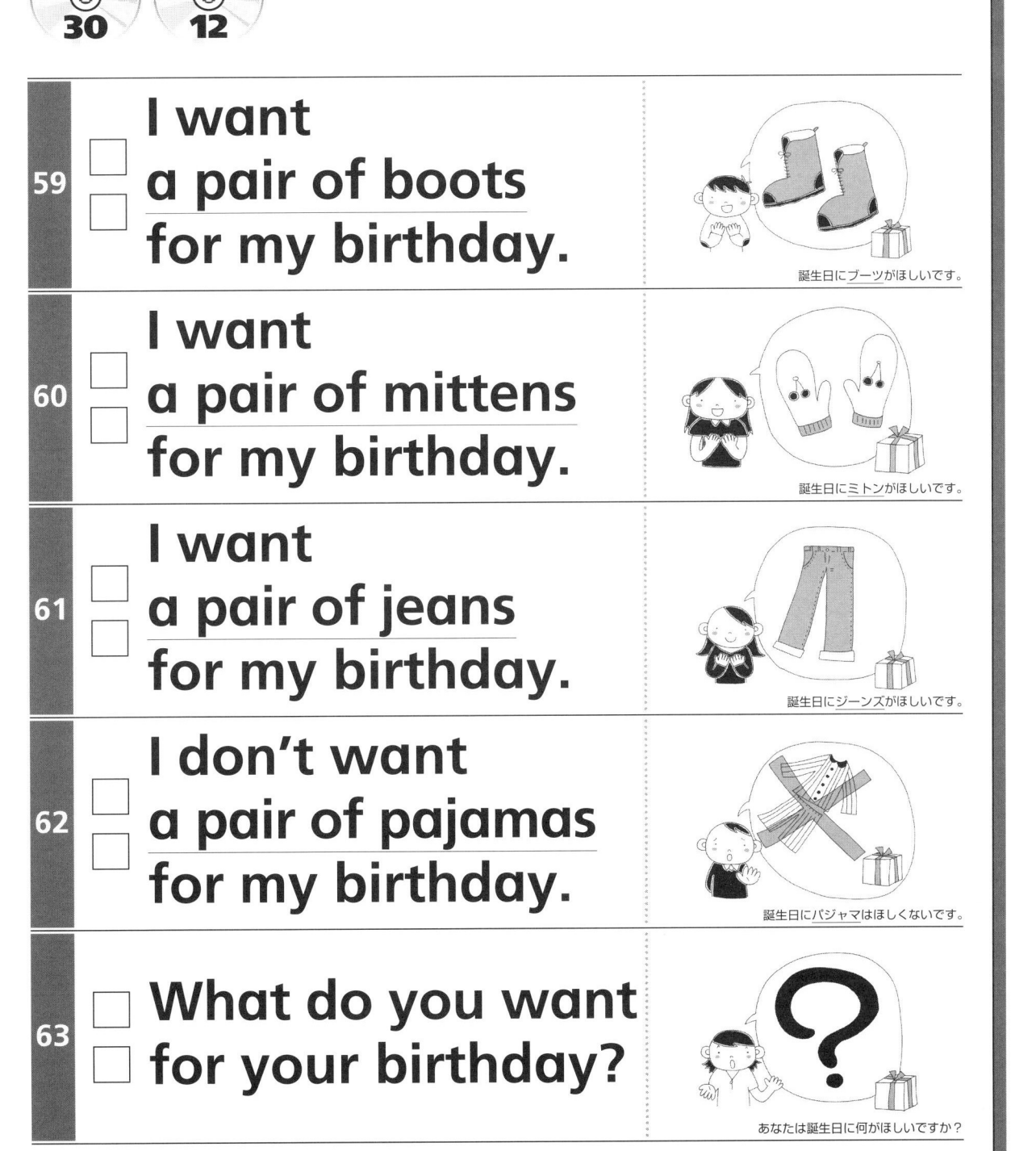

誕生日にブーツがほしいです。

60
I want
a pair of mittens
for my birthday.

誕生日にミトンがほしいです。

61
I want
a pair of jeans
for my birthday.

誕生日にジーンズがほしいです。

62
I don't want
a pair of pajamas
for my birthday.

誕生日にパジャマはほしくないです。

63
What do you want
for your birthday?

あなたは誕生日に何がほしいですか？

Step 3　応用　下線のところを、Step 1でおぼえた単語（語句）に入れかえて、自分のことを言ってみましょう

59

好きなものを比べる

Step 1 単語 CD-1 ◎ 31
①チャンツのCDを聞いて発音する
②自分の力で、絵と文字を見て言ってみる

		★例文64〜68
181	bananas	バナナ
182	apples	リンゴ
183	strawberries	イチゴ
184	cherries	サクランボ
185	peaches	モモ
186	blueberries	ブルーベリー
187	oranges	ミカン
188	grapes	ブドウ

なまえ：

月　日　　月　日

CD-1
◎
32

【おうちの方・先生へ】
●"I like...."のあとに数えられるもの（可算名詞）が続く場合は、ふつう複数形になります（pp.62-63の例文を参照）。
●ここでは例文にあわせて単語も複数形のみを紹介しています。それぞれの単語の単数形はbanana、apple、strawberry、cherry、peach、blueberry、orange、grape、gorilla、penguin、seal、bear、hippo、zebra、rhino、dolphinとなります。

189	gorillas	★例文69〜73 ゴリラ
190	penguins	★例文69〜73 ペンギン
191	seals	★例文69〜73 アザラシ
192	bears	★例文69〜73 クマ
193	hippos	★例文69〜73 カバ
194	zebras	★例文69〜73 シマウマ
195	rhinos	★例文69〜73 サイ
196	dolphins	★例文69〜73 イルカ

61

好きなものを比べる

Step 2 例文

チャンツ CD-1 ◎ 33
お手本 CD-2 ◎ 13

①チャンツのCDを聞いて発音する
②自分の力で、絵と文字を見て言ってみる

64 I like bananas better than apples.

わたしはリンゴよりバナナが好きです。

65 I like cherries better than strawberries.

わたしはイチゴよりサクランボが好きです。

66 I like peaches better than blueberries.

わたしはブルーベリーよりモモが好きです。

67 I like oranges better than grapes.

わたしはブドウよりミカンが好きです。

68 I like bananas the best.

わたしはバナナがいちばん好きです。

月　日　　　月　日

なまえ：

チャンツ CD-1 34　　お手本 CD-2 14

69
☐ ☐
I like gorillas better than monkeys.

わたしはサルよりゴリラが好きです。

70
☐ ☐
I like penguins better than seals.

わたしはアザラシよりペンギンが好きです。

71
☐ ☐
I like bears better than hippos.

わたしはカバよりクマが好きです。

72
☐ ☐
I like zebras better than horses.

わたしはウマよりシマウマが好きです。

73
☐ ☐
I like penguins the best.

No.1

わたしはペンギンがいちばん好きです。

Step 3　応用　下線のところを、**Step 1**でおぼえた単語（語句）に入れかえて、自分のことを言ってみましょう

63

友だち紹介

Step 1 単語

①チャンツのCDを聞いて発音する
②自分の力で、絵と文字を見て言ってみる

197	kind	やさしい
198	brave	勇気がある
199	smart	頭がいい
200	friendly	親しみやすい
201	athletic	運動が得意
202	strong	力が強い
203	cute	かわいい

★例文76、80

| | | | 月　日 | 月　日 |

なまえ：

---

204 funny

★例文76、80

おもしろい

---

205 cheerful

★例文76、80

明るい

---

206 honest

★例文76、80

正直な

---

207 shy

★例文76、80

はずかしがりやの

---

208 active

★例文76、80

活発な

---

209 creative

★例文76、80

創造的な

【おうちの方・先生へ】

●smartは、日本語の「スマート」とは意味が違うので注意しましょう。

●funnyは、「周囲の人をいつも笑わせている」人のことをいいます。cheerfulは、「（自分が）いつもニコニコしている」人を表します。

友だち紹介

Step 2 例文

① チャンツのCDを聞いて発音する
② 自分の力で、絵と文字を見て言ってみる

74. This is Takahiro.
    こちらはタカヒロ君です。

75. He is my best friend.
    彼は、ぼくの親友です。

76. He is very kind.
    彼は、とてもやさしいです。

77. That's why I like him so much.
    だからぼくは彼がとても好きです。

【おうちの方・先生へ】
- ☐ の部分には、友だちの名前やhe、him、she、herなどを適宜入れて、言ってみましょう。
- お友だちが男の子の場合はhe/him、女の子の場合はshe/herを使います。

なまえ：

月 日	月 日

チャンツ CD-1 ◎ 37　お手本 CD-2 ◎ 16

78 ☐☐ This is Mayumi.

こちらはマユミちゃんです。

79 ☐☐ She is my best friend.

彼女は、わたしの親友です。

80 ☐☐ She is very brave.

彼女は、とても勇気があります。

81 ☐☐ That's why I like her so much.

だからわたしは彼女がとても好きです。

Step 3 応用

下線のところを、Step 1でおぼえた単語（語句）に入れかえて、自分のことを言ってみましょう

67

好きなこと

Step 1 単語

① チャンツのCDを聞いて発音する
② 自分の力で、絵と文字を見て言ってみる

210	study math	算数を勉強する
211	write kanji	漢字を書く
212	listen to music	音楽を聞く
213	watch TV	テレビを見る
214	speak English	英語を話す
215	use a computer	コンピュータを使う
216	take a walk	散歩をする
217	talk on the phone	電話でおしゃべりをする

★例文82〜86

なまえ：

月　日　　月　日

CD-1
◎
39

218	☐☐ **play tag**	★例文87〜90 おにごっこをする
219	☐☐ **jump rope**	★例文87〜90 なわとびをする
220	☐☐ **play hide-and-seek**	★例文87〜90 かくれんぼをする
221	☐☐ **play on the seesaw**	★例文87〜90 シーソーで遊ぶ
222	☐☐ **play on the jungle gym**	★例文87〜90 ジャングルジムで遊ぶ
223	☐☐ **play on the slide**	★例文87〜90 すべりだいで遊ぶ
224	☐☐ **ride on the swing**	★例文87〜90 ブランコに乗る
225	☐☐ **play with a yo-yo**	★例文87〜90 ヨーヨーで遊ぶ

69

好きなこと

Step 2 例文

① チャンツのCDを聞いて発音する
② 自分の力で、絵と文字を見て言ってみる

82 I like to study math.

わたしは算数を勉強するのが好きです。

83 I like to write kanji.

わたしは漢字を書くのが好きです。

84 I like to listen to music.

わたしは音楽を聞くのが好きです。

85 I don't like to watch TV.

わたしはテレビを見るのが好きではありません。

86 Do you like to watch TV?

あなたはテレビを見るのが好きですか？

なまえ：

月　日　　月　日

CD-1 チャンツ 41
CD-2 お手本 18

87 ☐☐ I like to play <u>tag</u>.

わたしはおにごっこをするのが好きです。

88 ☐☐ I like to jump <u>rope</u>.

わたしはなわとびをするのが好きです。

89 ☐☐ I like to <u>play hide-and-seek</u>.

わたしはかくれんぼをするのが好きです。

90 ☐☐ I like to <u>play on the seesaw</u>.

わたしはシーソーで遊ぶのが好きです。

91 ☐☐ What do you like to do?

あなたは何をするのが好きですか？

Step 3 応用
下線のところを、**Step 1**でおぼえた単語（語句）に入れかえて、自分のことを言ってみましょう

71

毎日すること、時間

CD-1 42 | **Step 1 単語** | ①チャンツのCDを聞いて発音する ②自分の力で、絵と文字を見て言ってみる

226	☐☐ one o'clock	1時 ★例文92〜103
227	☐☐ two o'clock	2時 ★例文92〜103
228	☐☐ three o'clock	3時 ★例文92〜103
229	☐☐ four o'clock	4時 ★例文92〜103
230	☐☐ five o'clock	5時 ★例文92〜103
231	☐☐ six o'clock	6時 ★例文92〜103

【おうちの方・先生へ】
- 時間を表すことばは、"at one o'clock"「1時に」のように、前にatをつけて使います。
- お昼の12時（正午）は、noonともいいます。

232	**seven o'clock**	7時
233	**eight o'clock**	8時
234	**nine o'clock**	9時
235	**ten o'clock**	10時
236	**eleven o'clock**	11時
237	**twelve o'clock**	12時

毎日すること、時間

Step 1 単語

① チャンツのCDを聞いて発音する
② 自分の力で、絵と文字を見て言ってみる

238	one-thirty	1時半
239	two-thirty	2時半
240	three-thirty	3時半
241	four-thirty	4時半
242	five-thirty	5時半
243	six-thirty	6時半

★例文92〜103

【おうちの方・先生へ】
- thirtyは「30」という数字で、これを使って「〜時半」という時間を表すことができます。
- 「〜時半」は、このほか"half past..."を使って表現することもできます。例）half past four「4時半」

なまえ：

月	日	月	日

244 seven-thirty

★例文92〜103

7時半

245 eight-thirty

★例文92〜103

8時半

246 nine-thirty

★例文92〜103

9時半

247 ten-thirty

★例文92〜103

10時半

248 eleven-thirty

★例文92〜103

11時半

249 twelve-thirty

★例文92〜103

12時半

●"one-fifteen"「1時15分」、"one-forty"「1時40分」など、数字を変えるだけでいろいろな時間を言うことができます。
　なれてきたら使ってみましょう（本書に出てこない数字は、おうちの方や先生が教えてあげましょう）。

75

毎日すること、時間

Step 1 単語
CD-1 44

① チャンツのCDを聞いて発音する
② 自分の力で、絵と文字を見て言ってみる

250	get up	★例文92〜103 起きる
251	eat breakfast	★例文92〜103 朝食を食べる
252	get dressed	★例文92〜103 着がえる
253	go to school	★例文92〜103 学校に行く
254	study math	★例文92〜103 算数を勉強する
255	eat lunch	★例文92〜103 昼食を食べる
256	go home	★例文92〜103 家に帰る

257	☐ ☐	**play tennis**

★例文92〜103

テニスをする

| 258 | ☐ ☐ | **eat dinner** |

★例文92〜103

夕食を食べる

| 259 | ☐ ☐ | **watch TV** |

★例文92〜103

テレビを見る

| 260 | ☐ ☐ | **do my homework** |

★例文92〜103

宿題をする

| 261 | ☐ ☐ | **take a bath** |

★例文92〜103

おふろに入る

| 262 | ☐ ☐ | **go to bed** |

★例文92〜103

寝る

| 263 | ☐ ☐ | **go to cram school** |

★例文92〜103

ALCじゅく

塾に行く

毎日すること、時間

Step 2 例文

①チャンツのCDを聞いて発音する
②自分の力で、絵と文字を見て言ってみる

92 I get up at seven o'clock.
わたしは7時に起きます。

93 I eat breakfast at seven-thirty.
わたしは7時半に朝食を食べます。

94 I get dressed at eight o'clock.
わたしは8時に着がえます。

95 I go to school at eight-thirty.
わたしは8時半に学校へ行きます。

96 I eat lunch at twelve o'clock.
わたしは12時に昼食を食べます。

97 I go home at four o'clock.
わたしは4時に家に帰ります。

| なまえ： | 月 日 | 月 日 |

98	☐ ☐ **I play tennis at five o'clock.**	わたしは5時にテニスをします。
99	☐ ☐ **I eat dinner at six-thirty.**	わたしは6時半に夕食を食べます。
100	☐ ☐ **I watch TV at seven o'clock.**	わたしは7時にテレビを見ます。
101	☐ ☐ **I do my homework at eight o'clock.**	わたしは8時に宿題をします。
102	☐ ☐ **I take a bath at nine o'clock.**	わたしは9時におふろに入ります。
103	☐ ☐ **I go to bed at ten o'clock.**	わたしは10時に寝ます。

Step 3 応用　下線のところを、**Step 1**でおぼえた単語（語句）に入れかえて、自分のことを言ってみましょう

79

放課後すること、習いごと

Step 1 単語

①チャンツのCDを聞いて発音する
②自分の力で、絵と文字を見て言ってみる

264	go to swimming school	水泳教室に行く
265	wash the dishes	皿を洗う
266	clean the room	部屋をそうじする
267	cook dinner	夕食をつくる
268	practice the piano	ピアノの練習をする
269	study English	英語の勉強をする
270	go to abacus school	そろばん塾に行く
271	read books	読書する

★例文104〜110

			★例文104〜110
272	☐ ☐	**read** **comic books**	マンガを読む
273	☐ ☐	**play all day**	★例文104〜110 1日中遊ぶ
274	☐ ☐	**go shopping**	★例文104〜110 買い物に行く
275	☐ ☐	**play soccer**	★例文104〜110 サッカーをする
276	☐ ☐	**play baseball**	★例文104〜110 野球をする
277	☐ ☐	**play basketball**	★例文104〜110 バスケットボールをする
278	☐ ☐	**play** **video games**	★例文104〜110 テレビゲームをする
279	☐ ☐	**play card games**	★例文104〜110 カードゲームをする

放課後すること、習いごと

Step 2 例文

① チャンツのCDを聞いて発音する
② 自分の力で、絵と文字を見て言ってみる

104 I go to swimming school on Mondays.

わたしは毎週月曜日に水泳教室に行きます。

105 I clean the room on Tuesdays.

わたしは毎週火曜日に部屋のそうじをします。

106 I practice the piano on Wednesdays.

わたしは毎週水曜日にピアノの練習をします。

107 I study English on Thursdays.

わたしは毎週木曜日に英語を勉強します。

108	☐ **I read books** ☐ **on Fridays.**	わたしは毎週金曜日に読書をします。
109	☐ **I play all day** ☐ **on Saturdays.**	わたしは毎週土曜日に1日中遊びます。
110	☐ **I go shopping** ☐ **on Sundays.**	わたしは毎週日曜日に買い物に行きます。

【おうちの方・先生へ】
●ここでは、毎週決まった曜日におこなうことを言えるようになるため、曜日の名前を複数形にして"on Mondays"「毎週月曜日に」という言い方を紹介しています。

Step 3 応用 　下線のところを、**Step 1**でおぼえた単語（語句）に入れかえて、自分のことを言ってみましょう

特に好きなもの

Step 1 単語 CD-1 ◎ 48
①チャンツのCDを聞いて発音する
②自分の力で、絵と文字を見て言ってみる

280	red	赤
281	yellow	黄色
282	blue	青
283	green	緑
284	orange	オレンジ
285	purple	紫

★例文111

【おうちの方・先生へ】
●色の名前は日本語でもカタカナで言うものが多いので、すでに知っている子どもも多いでしょう。発音練習をする際は、カタカナ発音になっていないかおうちの方や先生が注意をしながら進めましょう。

No.	英語	日本語
286	pink	ピンク（桃色）
287	white	白
288	black	黒
289	brown	茶色
290	gold	金色
291	silver	銀色

特に好きなもの

Step 1 単語
① チャンツのCDを聞いて発音する
② 自分の力で、絵と文字を見て言ってみる

292	☐ my favorite ☐ color	★例文111 わたしのいちばん好きな色
293	☐ my favorite ☐ word	★例文112 わたしのいちばん好きなことば
294	☐ my favorite ☐ sport	★例文113 わたしのいちばん好きなスポーツ
295	☐ my favorite ☐ animal	★例文114 わたしのいちばん好きな動物
296	☐ my favorite ☐ video game	★例文115 わたしのいちばん好きなテレビゲーム

【おうちの方・先生へ】
● my favorite...は、「わたしのいちばん好きな~」という意味です。

なまえ：

| 月 | 日 | 月 | 日 |

297
☐ **my favorite**
☐ **TV program**

★例文116

わたしのいちばん好きなテレビ番組

298
☐ **my favorite**
☐ **baseball team**

★例文117

わたしのいちばん好きな野球チーム

299
☐ **my favorite**
☐ **soccer player**

★例文118

わたしのいちばん好きなサッカー選手

300
☐ **my favorite**
☐ **singer**

★例文119

わたしのいちばん好きな歌手

301
☐ **my favorite**
☐ **subject**

★例文120

わたしのいちばん好きな教科

●favoriteの後ろには、単数形の名詞が続きます。答えるときも、単数形で答えます（pp.90-91の例文を参照）。"I like...."
（pp.38-39）との違いに注意しながら練習してみましょう。

特に好きなもの

Step 1 単語
① チャンツのCDを聞いて発音する
② 自分の力で、絵と文字を見て言ってみる

CD-1 ◎ 50

302	badminton	★例文113 バドミントン
303	soccer	★例文113 サッカー
304	dodgeball	★例文113 ドッジボール
305	baseball	★例文113 野球
306	swimming	★例文113 水泳
307	tennis	★例文113 テニス
308	table tennis	★例文113 卓球

月　　日		**月　　日**		

なまえ：

			★例文113
309	☐☐	**basketball**	バスケットボール
310	☐☐	**skiing**	★例文113 スキー
311	☐☐	**ice skating**	★例文113 アイススケート
312	☐☐	**volleyball**	★例文113 バレーボール
313	☐☐	**golf**	★例文113 ゴルフ
314	☐☐	**marathon**	★例文113 マラソン

【おうちの方・先生へ】
●ここで紹介しているのは、スポーツの名前です。「〜（スポーツ）をする」という動作の表現はpp.46-47を参照してください。
●スポーツの名前は日本語でもカタカナで言うものが多いので、すでに知っている子どもも多いでしょう。発音練習をする
　際は、カタカナ発音になっていないかおうちの方や先生が注意をしながら進めましょう。

89

特に好きなもの

Step 2 例文

①チャンツのCDを聞いて発音する
②自分の力で、絵と文字を見て言ってみる

111 My favorite color is red.

わたしのいちばん好きな色は赤です。

112 My favorite word is "tomodachi".

わたしのいちばん好きなことばは「友だち」です。

113 My favorite sport is badminton.

わたしのいちばん好きなスポーツはバドミントンです。

114 My favorite animal is a tiger.

わたしのいちばん好きな動物はトラです。

115 My favorite video game is *Super Marionette*.

わたしのいちばん好きなテレビゲームはスーパーマリオネットです。

なまえ：

月 日	月 日

【おうちの方・先生へ】
● ▢▢▢▢ の部分には、本書にのっていない自分の好きなものの名前を自由に入れて、自分のことについて英語で言えるようにしましょう。

116
☐
☐
My favorite TV program is *Poraemon*.

わたしのいちばん好きなテレビ番組はポラえもんです。

117
☐
☐
My favorite baseball team is *the Garps*.

わたしのいちばん好きな野球チームはガープスです。

118
☐
☐
My favorite soccer player is *Nakano*.

わたしのいちばん好きなサッカー選手は中野です。

119
☐
☐
My favorite singer is *Udada Hikari*.

わたしのいちばん好きな歌手はウダダ ヒカリです。

120
☐
☐
My favorite subject is PE.

わたしのいちばん好きな教科は体育です。

Step 3 応用

下線のところを、**Step 1**でおぼえた単語（語句）に入れかえて、自分のことを言ってみましょう

91

行ったことがある場所

Step 1 単語
CD-1 ◎ 52

① チャンツのCDを聞いて発音する
② 自分の力で、絵と文字を見て言ってみる

315	Hokkaido	★例文121~124 北海道
316	Shikoku	★例文121~124 四国
317	Kyushu	★例文121~124 九州
318	Okinawa	★例文121~124 沖縄
319	Mt. Fuji	★例文121~124 富士山
320	Tokyo Tower	★例文121~124 東京タワー
321	Kinkakuji temple	★例文121~124 金閣寺

月　日　　月　日

なまえ：

チャンツ CD-1 ◎ 53　**お手本 CD-2 ◎ 22**　**Step 2 例文（れい ぶん）**

①チャンツのCDを聞（き）いて発音（はつおん）する
②自分（じぶん）の力（ちから）で、絵（え）と文字（もじ）を見（み）て言（い）ってみる

121
☐
☐
I have been to Hokkaido.

かこ　げんざい　みらい

わたしは北海道に行ったことがあります。

122
☐
☐
I have been to Kyushu.

かこ　げんざい　みらい

わたしは九州に行ったことがあります。

123
☐
☐
I have never been to Okinawa.

かこ　げんざい　みらい　✕

わたしは沖縄には行ったことがありません。

124
☐
☐
Have you ever been to Okinawa?

かこ　げんざい　みらい

あなたは沖縄に行ったことがありますか？

【おうちの方・先生へ】
●例文121〜124の下線部には、子どもたちが行ったことのある場所の名前を自由に入れて発話してもらいましょう。英語での言い方がわからない場合は、おうちの方や先生が教えてあげてください。地元の名所や近隣の都市など、子どもたちに身近な地名から始めるといいでしょう。

Step 3　応用（おう よう）

下線（かせん）のところを、**Step 1**でおぼえた単語（たんご）（語句（ごく））に入（い）れかえて、自分（じぶん）のことを言（い）ってみましょう

93

アクティビティ編

本書「スピーチ編」に出てくる単語や英文を定着させたり、より発展させたりするためのアクティビティをご紹介します。暗唱とともに、友だちや大人（先生やおうちの方）との実践的なやりとりをすることによって、聞きとりの力をつけ、会話形式になれていきましょう。

＊小学校や英語教室などで楽しめるように、子ども数人以上でおこなう方法を紹介していますが、ご家庭では適宜アレンジして、親子やきょうだいでお楽しみください。

Activity ① 仲間はずれはどれ？

ねらい

習った単語を聞き分け、それが属するカテゴリーを考える。

概要

対象人数：制限なし
対象年齢：制限なし
用意するもの：特になし

準備

「動物」「食べ物」などのカテゴリーごとに10程度の単語を選び、さらにそれぞれのカテゴリーにいくつか関係のない単語がまざるようにして、リストをつくっておく。

進め方

①先生がリストの単語を1つずつ読み上げる。
②子どもはそれを聞き、カテゴリーの違う単語が聞こえたら手をたたく。

ポイント

単語を読み上げる際に、最初は同じカテゴリーの単語をいくつか続けて言います。そして、子どもがその単語のカテゴリーに気づいたころに、少しずつ仲間はずれの単語をまぜていくようにするといいでしょう。ゲームのあとは、もう一度子どもたちといっしょに単語をカテゴリーごとに確認しておきましょう。

Activity

② カード並べ

ねらい

単語を聞きとり、意味を理解する。また、習った単語を正確に言えるようにする。

概要

対象人数：制限なし
対象年齢：制限なし
用意するもの：本書「単語絵カード」
（p.125以降）から、ゲームに使用する絵カードのセットを人数分

準備

「動物」「食べ物」などのカテゴリーごとに10程度の単語を選び、それぞれのカテゴリーにいくつか関係のない単語がまざるようにして、リストをつくっておく。

進め方

①子どもたちに絵カードを1セットずつ配る。

②先生はリストの単語を1つずつ読み上げ、子どもたちは聞こえた単語の絵カードを順に自分の前に表にして並べていく。

③仲間はずれの単語が聞こえたら、子どもたちは自分の前に並んでいる絵カードの単語を順にすべて読み上げる。②からの手順をくり返し、子どもたちの手持ちの絵カードがすべてなくなるまでゲームを続ける。

④絵カードをすべて並べ終わったら、今度は並んでいる絵カードを、単語を言いながら順に拾って片づける。

ポイント

単語を読み上げるときは、子どもたちがカードを並べるペースにあわせて、十分に間隔をとるようにします。また、子どもたちが単語を読み上げているときには、全員がひととおり言い終わるまで待ちましょう。単語を早く言えることを競わせるのではなく、一つひとつをきちんと言えているかに気を配り、多くの子どもがうまく言えない単語がある場合は、あとでそれをみんなで確認するといいでしょう。

95

Activity ③ いくつ言えるかな？

ねらい
習った単語や表現をスラスラ言えるようにする。

概　要
対象人数：制限なし
対象年齢：制限なし
用意するもの：本書「単語絵カード」(p.125 以降）から、ゲームに使用する絵カードのセットを人数分

進め方
①子どもたちは手にカードを 1 セットずつ持つ。
②先生がタイマーをセットし、スタートのかけ声をかけたら、子どもたちは自分のカードを 1 枚ずつ見ながらその単語や表現を言っていく。言えたカードは机の上に並べ、言えなかったカードは手持ちの束に戻す。
③制限時間が終わるまで続け、終わったら各自が何枚カードを並べられたか数える。

※グループ活動の場合や、時間に余裕があるときには、並んだカードの枚数と言えた単語や表現を、ひとりずつみんなの前で発表させてもいいでしょう。

ポイント
- 最初は制限時間を 20 秒くらいに設定しておこない、そのあとは様子を見ながら、時間を長くしたり短くしたりするといいでしょう。
- 子どもがひとりの場合は、決まった枚数を全部読み上げるのにどのくらい時間がかかったかをはかり、前よりも速く言えたらいいことにしましょう。
- それぞれのカードにポイントを設定し、読めたカードのポイントの合計を競わせることもできます。その場合、むずかしくてみんなが敬遠するような単語や表現のカードは、ポイントを高くするといった工夫をすると、苦手な単語にチャレンジする動機づけになります。
- 大人数の場合は、ペア活動にするといいでしょう。1 人がカードを読み上げているときは、もう 1 人が先生役。わからなくなったときに、助け船を出します。2 回目は役目を交代して同じようにおこない、ペアの合計ポイントを競います。

Activity

④ カルタ取り

ねらい

"What...?"の疑問文と、それに対する答え方を導入・練習する。

Ⓐ クラス全体でおこなう活動

概　要

対象人数：制限なし

対象年齢：制限なし

用意するもの：本書「単語絵カード」（p.125以降）から、ゲームに使用する絵カードのセットを人数分

進め方

①子どもたちは、自分の絵カードを表にして自分の前に広げる。

②先生は"What color do you like?" "What can you do?"など、whatのつく疑問文を言い、子どもたちはそれをリピートする。

③続けて先生は、②の疑問文に対する答えを言う。子どもたちはその答えを復唱し、自分のカードのなかから答えにマッチするものを1枚選んで裏返す。

❷ 小グループでおこなう活動

> **概　要**

対象人数：4〜8名程度のグループ活動
対象年齢：制限なし
用意するもの：本書「単語絵カード」（p.125以降）から、ゲームに使用する絵カードのセットをグループ数分

> **進め方**

①子どもたちをグループごとに輪になって座らせ、中央に絵カードを表にして広げる。
②先生は"What color do you like?" "What can you do?"など、whatのつく疑問文を言い、子どもたちはそれをリピートする。
③続けて先生は、②の疑問文に対する答えを言う。子どもたちはその答えを復唱し、答えにマッチする単語のカードを早い者勝ちで取る。

④「カルタ取り」の会話例

●会話例1（テーマが「色」の場合）
T ：What color do you like?（質問文を言う）
Ss：What color do you like?（質問をリピートする）
T ：I like red.（質問の答えを言う）
Ss：I like red.（子どもはredのカードを取る）

●会話例2（テーマが「canの表現」の場合）
T ：What can you do?（質問文を言う）
Ss：What can you do?（質問をリピートする）
T ：I can play the piano.（質問の答えを言う）
Ss：I can play the piano.（子どもはピアノを弾いている絵のカードを取る）

●質問文と答え方の例

質問文と答え方は、本書の「スピーチ編」に出てくる例文を参考にするといいでしょう。

What animal do you like?	— I like (tigers).
What grade are you in?	— I'm in the (fourth) grade.
What's your favorite subject?	— My favorite subject is (English).
What do you have?	— I have (a pencil).
When is your birthday?	— My birthday is in (January).

Activity

⑤ ビンゴ

ねらい

"What...?"の疑問文とそれに対する答え方を導入・練習する。

概　要

対象人数：制限なし
対象年齢：制限なし
用意するもの：本書「単語絵カード」（p.125以降）から、ゲームに使用する絵カードのセットを人数分

準　備

ゲームに使用する絵カード6枚または9枚を決め、子どもたちに1セットずつ配っておく。

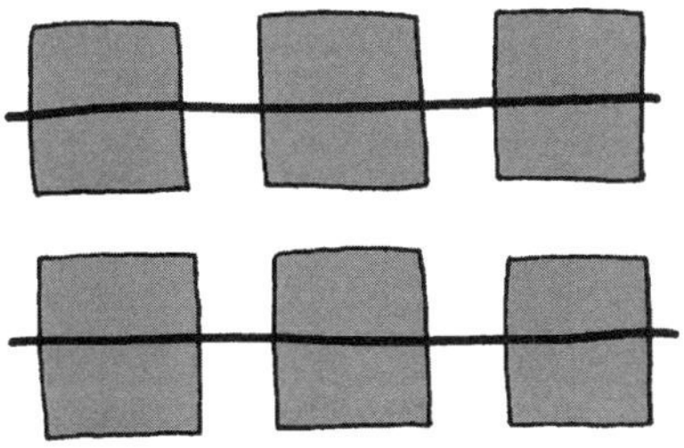

6枚なら　横一列でBingo!

9枚なら　どれでもBingo!

進め方

①子どもたちは自分の絵カードを、6枚の場合は縦2枚×横3枚に、9枚の場合は縦3枚×横3枚に、表にして自由に並べる。

②先生は"What do you like?" "What's this?"など、whatのつく疑問文を言い、子どもたちはそれをリピートする。

③続けて先生は、②の疑問文に対する答えを言う。子どもたちはその答えを復唱し、自分のカードのなかから答えにマッチするものを1枚選んで裏返す。

④同様に英文をリピートしながらカードを裏返していき、1列（3枚）のカードがすべて裏返しになった子は"Bingo!"と言ってあがりとなる。カードが6枚の場合は横の1列がそろったらビンゴ、9枚の場合は縦、横、ななめのいずれか1列がそろえばビンゴとなる。

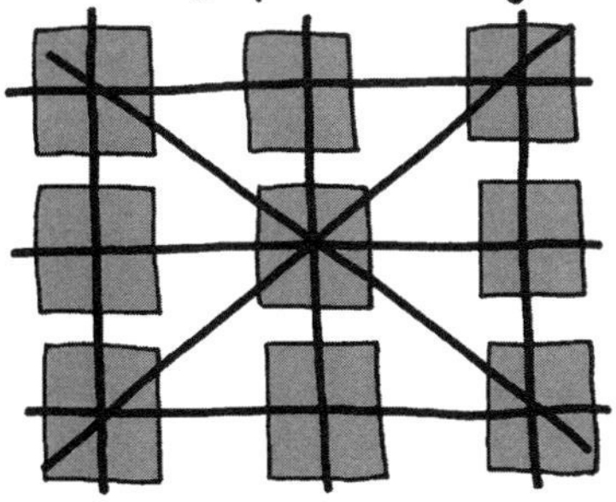

ポイント

クラスの人数が少ない場合は1人があがった時点でゲーム終了としてもいいですが、大人数でおこなう場合は、何人かがあがるまで続けてもいいでしょう。

Activity ⑥ リレーゲーム

ねらい

子どもどうしで会話をし、自己表現の練習をする。

概　要

対象人数：10人以上
対象年齢：制限なし
用意するもの：特になし

準　備

ゲームで使う表現の練習をしておく。

進め方

①子どもたちを5〜8人程度のグループに分ける。子どもたちはグループごとに立って、縦に1列に並ぶ。
②先生はすべてのグループの先頭の子どもたち（As）に向けて質問をし、Asはそれに答える。続けてAsは各自のグループの2番目の子ども（Bs）に同じ質問をし、Bsはそれに答える。
③同様に、グループごとにどんどん後ろの子どもに質問をしていき、最後の子が質問に答えて"Finished!（できた！）"と言ったら、そのグループは全員座る。
④いちばん早く座ったグループの勝ちとなる。

ポイント

質問と答えの言い方は、事前に導入しておきます。最初は、練習として、質問に対して決まった答えを言わせてもいいでしょう。ゲームの進め方や英語でのやりとりになれてきたら、答えの文の単語を自由に入れかえて、自分の好きなことを答えさせてみましょう。

What's your name?

My name is Haruko.

What's your name?

My name is Sachi.

What's your name?

My name is Takashi.

Activity
⑦ 質問ぜめ

ねらい

さまざまな質問を聞きとり、適切に答えられるようにする。

概　要

対象人数：制限なし

対象年齢：制限なし

用意するもの：チップ（各自に質問と同じ数だけ配れるように）

準備

本書の「スピーチ編」で紹介している表現で答えられるような質問を10問程度、あらかじめ用意する。また、子どもたちにはそれぞれの質問に対する答え方を導入しておく。

進め方

①先生は、質問と同じ数のチップをそれぞれの子どもに配る。子どもたちはそのチップを手に持つ。
②先生は英語で1つずつ質問をし、それぞれの質問のあと10秒待つ。
③その10秒のあいだに、子どもたちは先生の質問に対して英語で答える。答える際には、自分のことについて自由に答えていいこととする。子どもたちは10秒以内に質問に答えられたら、自分の前にチップを1個おく。
④すべての質問が終わったら、子どもたちは各自、チップを何枚前におくことができたか確認する。

ポイント

子どもたちが10秒以内に質問に答えられたかは、あまり厳しくチェックせず、ある程度自己申告にまかせるといいでしょう。ただし、先生は子どもたちの発話に耳をかたむけ、どの程度言えているかを確認する必要があります。多くの子どもが聞きとれていない質問、言えていない表現があれば、ゲームが終わったあとに全員で確認するようにしましょう。

⑦「質問ぜめ」の質問と答えの例

What's your name?	— My name is (Haruko).
How old are you?	— I'm (ten) years old.
Where do you live?	— I live in (Onomichi).
Where do you go to school?	— I go to (Tsuchido Elementary School).
What grade are you in?	— I'm in the (fourth) grade.
When is your birthday?	— My birthday is in (January).
What animal do you like?	— I like (pandas).
What is your favorite color?	— My favorite color is (blue).
What is your favorite word?	— My favorite word is "(tomodachi)".

名言集

落書き帳のことばと、こよみと、偉人の名言、歴史を動かした名演説の一節、美しい英語の詩などを、CDの音声を聞きながら朗読しましょう。今は意味がわからなくてもよいです。英語の音のリズムをからだで感じてみましょう。

イッキー・ビッキー

Icky Bicky

Icky, bicky soda cracker,

Icky, bicky boo,

Icky, bicky soda cracker,

Out goes you!

イッキー　ビッキー　ソーダクラッカー
イッキー　ビッキー　ブー
イッキー　ビッキー　ソーダクラッカー
オニはキミ！

《解説》オニ決め歌。子どもたちのうちのひとりがこのライムを口ずさみながら、自分やほかの子を順に指さしていき、最後の"...you!"にあたった子が次のオニとなります。"Icky, bicky"にはとくに意味はなく、韻をふんで調子よく言えるようになっています。soda crackerはうす味の軽い炭酸クラッカーのことです。

CD-2 **25-26**

イーニー・ミーニー・マイニー・モウ
Eenie, Meenie, Minie, Mo

Eenie, meenie, minie, mo,
Catch a tiger by the toe.
If he hollers, let him go.
Eenie, meenie, minie, mo.

イーニー・ミーニー・マイニー・モウ
トラのつま先をつかまえろ
もしトラがほえたら、放しておやり
イーニー・ミーニー・マイニー・モウ

《解説》 オニ決め歌。子どもどうしの遊びでオニを決めるときにとなえます。ひとりがこのライムを口ずさみながら、自分やほかの子たちを順に指さしていき、最後の"..., mo."にあたった子がオニになります。"Eenie, meenie, minie, mo"には意味はなく、韻をふんで調子よく言えるようになっています。

105

ハンプティ・ダンプティ
Humpty Dumpty

Humpty Dumpty sat on a wall,

Humpty Dumpty had a great fall,

All the king's horses

And all the king's men

Couldn't put Humpty together again.

ハンプティ・ダンプティが、へいに座った
ハンプティ・ダンプティが、へいから落ちた
王様の馬と
兵隊をすべて動員しても
ハンプティをもとどおりにできなかった

《解説》 マザーグースに数多くある「なぞなぞ歌」のひとつ。この「ハンプティ・ダンプティ」の正体はなんでしょう、というなぞなぞになっています。「こわれたら元に戻らないもの」ということで、答えは「たまご」です。1、2行目と4、5行目の最後がそれぞれ韻をふんでいる響きのよい詩で、通常はメロディをつけて歌われます。

ヘイ・ディドル・ディドル
Hey Diddle Diddle

CD-2 29-30

Hey diddle diddle,

The cat and the fiddle,

The cow jumped over the moon;

The little dog laughed

To see such sport,

And the dish ran away with the spoon.

ヘイ・ディドル・ディドル
ネコとバイオリン
牛が月をとびこえた
それを見て子犬がゲラゲラゲラ
お皿はスプーンとすたこらさっさ

《解説》 特に意味のない、ナンセンスな歌です。diddleとは、もともと「左右に動く」という意味のスコットランドの ことばで、バイオリンを弾く様子を表します。fiddleはバイオリンのことで、diddleと韻をふみながら、意味 も引っかけています。歌詞のところどころが違うバージョンも多く存在します。

フィッシュ・ソング

Fish Song

One, two, three, four, five,
Once I caught a fish alive.
Six, seven, eight, nine, ten,
Then I let it go again.

Why did you let it go?
Because it bit my finger so.
Which finger did it bite?
This little finger on the right.

1、2、3、4、5
ある日、魚をつかまえた
6、7、8、9、10
でも、逃がしてあげちゃった

どうして逃がしたの？
私の指をかんだから
どの指をかまれたの？
右手のこの小指だよ

《解説》 数え歌としても、オニ決め歌としても歌われる歌です。行の最後の音が、2行ずつ韻をふんでいるのが特徴です。指遊びをしながら歌うこともあるようです。

CD-2
33-38

早口ことば ①

Tongue Twisters 1

She sells seashells by the seashore.

彼女は海岸で貝がらを売っている

A big black bug bit a big black bear.

大きな黒い虫が、大きな黒いクマをチクリ

Each Easter Eddie eats eighty Easter Eggs.

復活祭のたびに、エディは復活祭の卵を80個も食べる

《解説》 早口ことばは、同じ音がくり返し出てきてとても言いにくいのが特徴で、内容には深い意味はありません。子どもと早口ことばを楽しむ際には、正確に言えたかどうかをチェックしたり競わせたりするのではなく、英語の音に興味をもったり、むずかしくて言えないのをおもしろがったりするくらいの気持ちでチャレンジしましょう。

早口ことば ②

Tongue Twisters 2

How much wood would a woodchuck chuck,

If a woodchuck could chuck wood?

It would chuck as much wood as

a woodchuck could,

If a woodchuck could chuck wood.

もしもウッドチャックが木を放り投げるとしたら
どのくらいたくさん投げられる？
もしもウッドチャックが木を放り投げるとしたら
投げられるだけ投げるだろう

Peter Piper picked a peck of pickled peppers;

A peck of pickled peppers Peter Piper picked.

If Peter Piper picked a peck of pickled peppers,

Where's the peck of pickled peppers

Peter Piper picked?

＊ペックとは、英米などで使われる量の単位です。

ピーター・パイパーは、1ペックのピーマンの酢づけをつまみ食い
ピーター・パイパーがつまみ食いした、1ペックのピーマンの酢づけ
もしもピーター・パイパーが、1ペックのピーマンの酢づけをつまみ食いしたのなら、
その1ペックのピーマンの酢づけは、いったいどこへ行っちゃった？

CD-2 45-47

早口ことば ③

Tongue Twisters 3

Betty Botter bought some butter,
"But," she said, "the butter's bitter;
If I put it in my batter,
It will make my batter bitter,
But a bit of better butter,
That would make my batter better."

So she bought a bit of butter,
Better than her bitter butter,
And she put it in her batter,
And the batter was not bitter.
So 'twas better Betty Botter
Bought a bit of better butter.

ベティー・ボッターはバターを買った
「でも、このバターは苦いなぁ
このバターをころもに入れたら、
ころもが苦くなっちゃうわ
だけどいいバターが少しあれば、
ころもはきっとおいしくなる」

そこで、彼女は苦いバターよりも
ましなバターを少しだけ買って、
それをころもに入れてみた
するところもは苦くなかった
つまり、ベティー・ボッターは
いいバターを少し買ってよかったよ

ことわざ ①

Old Sayings 1

Birds of a feather flock together.

類は友を呼ぶ

When in Rome, do as the Romans do.

郷に入れば、郷にしたがえ

All roads lead to Rome.

すべての道は、ローマへ通ず

Rome was not built in a day.

ローマは一日にして成らず

Two heads are better than one.

三人よれば文殊の知恵

解説 英語の有名なことわざ。和訳は、英語の直訳ではなく日本語の同じ意味のことわざを示したものもあります。"Rome was not built in a day."は、よく「大器晩成」という日本語にもおきかえられます。"Two heads are better than one."は、古代ギリシアの詩人ホメロスの叙事詩『イリアス』のなかのことばです。

ことわざ ②

CD-2 ◎ 53-57

Old Sayings 2

Necessity is the mother of invention.

必要は発明の母

Practice makes perfect.

習うよりなれろ

Actions speak louder than words.

行動はことばよりも雄弁

All's well that ends well.

終わりよければすべてよし

The early bird catches the worm.

早起きは三文の得

《解説》 "Necessity is the mother of invention."はアイルランドの作家ジョナサン・スウィフトのことばです。また、"Actions speak louder than words."は、日本語の「不言実行」にあたります。ことわざは、教訓的な意味をもつものが多いので、子どもたちの理解できる範囲で、その内容にもふれられるといいですね。

113

ケネディ大統領「大統領就任演説」
John F. Kennedy — Inaugural Address

And so, my fellow Americans, ask not what your country can do for you; ask what you can do for your country.

My fellow citizens of the world, ask not what America will do for you, but what together we can do for the freedom of man.

わが友であるアメリカ国民よ、国があなたのために何ができるのかを問うのではなく、あなたが国のために何ができるのかを問うてください。

わが友である世界の市民たちよ、アメリカがあなたのために何をしてくれるかを問うのではなく、私たちみんなが力を合わせれば、人類の自由のために何ができるかを問うてください。

©TIMELIFE/Getty Images/AFLO

《解説》1961年1月におこなわれた、アメリカ第35代大統領ジョン・F・ケネディの就任演説。ここで紹介した一節は、歴代大統領の就任演説のなかでも、もっとも有名なことばです。CDの音声を聞いて、一つひとつの単語や文の発音だけでなく、全体のイントネーションやスピード感を感じながら暗唱してみましょう。

リンカーン大統領「ゲティスバーグ演説」
Abraham Lincoln — The Gettysburg Address

CD-2 60-61

…this nation, under God, shall have a new birth of freedom— and that government of the people, by the people, for the people, shall not perish from the earth.

この国は神のもとに、新しく自由を誕生させるべきでしょう。そして、人民の、人民による、人民のための政府を、この地上から消してはなりません。

©TIMELIFE/Getty Images/AFLO

《解説》 1863年に、ペンシルバニア州ゲティスバーグにある国立戦没者墓地の建設を記念する式典で、リンカーン大統領がおこなった演説の一節です。最後の"government of the people, by the people, for the people"（人民の、人民による、人民のための政府）ということばがもっとも有名です。

115

トーマス・ジェファーソン「独立宣言」
Thomas Jefferson — Declaration of Independence

We hold these truths to be self-evident, that all men are created equal, that they are endowed by their Creator with certain unalienable Rights, that among these are Life, Liberty and the pursuit of Happiness.

私たちは、次のことを当然の真理だと考えます。すべての人が平等につくられていること。うばうことのできない権利を創造主によって与えられていること。しかもそのなかには、生きる権利、自由、幸福を追求する権利がふくまれていなければなりません。

《解説》 アメリカ大陸の13の州がイギリスからの独立を宣言したもので、1776年にトーマス・ジェファーソンが起案し、7月4日に公布されました。7月4日はアメリカ合衆国の独立記念日で、今でも毎年盛大に祝われています。トーマス・ジェファーソンは、その後1801年にアメリカ合衆国の第3代大統領に就任しています。

偉人の名言 ①

CD-2 64-69

The Sayings of Great Men 1

Genius is one percent inspiration and ninety-nine percent perspiration.
(Thomas A. Edison)

天才は、1%のひらめきと99%の汗から生まれる。
（トーマス・エジソン）

The more I learn, the more I realize I don't know.
The more I realize I don't know, the more I want to learn.
(Albert Einstein)

学べば学ぶほど、私は自分の無知を思い知る。
自分の無知を知れば知るほど、私はもっと学びたくなる。
（アルバート・アインシュタイン）

Man is no more than a reed,
the weakest in nature.
But he is a thinking reed.
(Pascal)

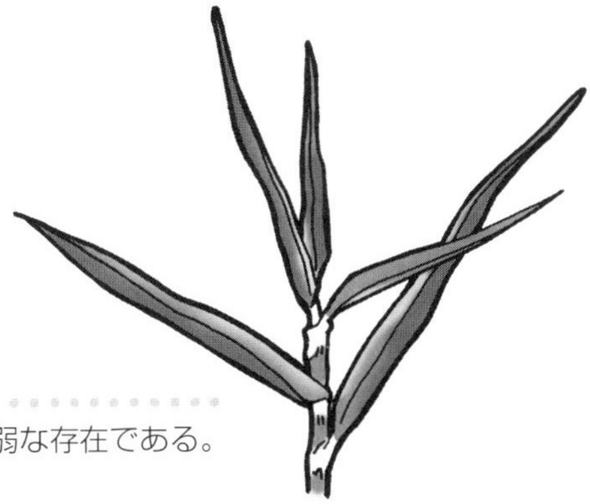

人間は1本の葦にすぎない。自然界でもっともひ弱な存在である。
だが、人間は考える葦である。
（パスカル）

《解説》 トーマス・エジソン（1847-1931）はアメリカの発明家で、現代の生活にも欠かせない数々の発明をしました。アルバート・アインシュタイン（1879-1955）はドイツ出身の物理学者で、1921年にノーベル物理学賞を受賞しています。パスカル（1623-1662）は、フランスの数学者・哲学者で、このほかにも多くの名言を残しています。

偉人の名言 ②

The Sayings of Great Men 2

Diligence is the mother of good luck.
(Benjamin Franklin)

勤勉は幸運の母である。
(ベンジャミン・フランクリン)

Nonviolence is the first article of my faith.
It is also the last article of my creed.
(Mahatma Gandhi)

非暴力は私の最初にして
最後の信念である。
(マハトマ・ガンジー)

Ask, and it shall be given you;
Seek, and ye shall find;
Knock, and it shall be opened unto you.
(The Bible)

求めなさい、そうすれば与えられます。
さがしなさい、そうすれば見つかります。
たたきなさい、そうすれば、門は開かれるでしょう。
(聖書/新約聖書 マタイによる福音書)

《解説》 ベンジャミン・フランクリン(1706-1790)はアメリカの政治家・物理学者・気象学者で、雷が電気であることを証明しました。マハトマ・ガンジー(1869-1948)は宗教家・政治指導者で、インドの英国からの独立を指揮した人物です。最後の「マタイによる福音書」は、新約聖書の4つの福音書のひとつです。

CD-2 76-79

偉人の名言 ③

The Sayings of Great Men 3

Do not dwell in the past,
Do not dream of the future,
Concentrate the mind
on the present moment.
(Buddha)

過去にとらわれてはいけない、
未来を夢見ていてはいけない、
現在のこの一瞬に集中しなさい。
（ブッダ）

The reading of all good books is like a
conversation with the finest minds of
past centuries.
(René Descartes)

あらゆる良書を読むことは、過
去の偉人たちと会話をするよう
なものである。
（ルネ・デカルト）

《解説》 ブッダは釈迦とも呼ばれ、仏教をおこした人です。ルネ・デカルト（1596-1650）はフランスの数学者・哲学者で、「近代哲学の父」とも呼ばれています。偉人の名言には、現代にも通じる教訓がふくまれていますので、暗唱の際には、子どもたちの理解できる範囲で、その教訓にもふれられるといいですね。

119

ワーズワース「水仙」
Wordsworth — The Daffodils

I wandered lonely as a cloud

That floats on high o'er vales and hills,

When all at once I saw a crowd,

A host of golden daffodils,

Beside the lake, beneath the trees

Fluttering and dancing in the breeze.

私はひとりさまよっていた
谷を越え、丘を越え、空高くただよう雲のように
突然、花の群が目に飛びこんできた
金色に輝くたくさんの水仙たちが
湖のほとり、木々の下で、
そよ風にはためき、おどっていた

《解説》 イギリスの詩人ウィリアム・ワーズワース（1770-1850）の代表作のひとつ。ここで紹介しているのは冒頭の一節です。1、3行目、2、4行目、5、6行目の最後が韻をふんでいます。CDのお手本をよく聞いて、テンポよくリズミカルに暗唱してみましょう。

※p.120「水仙」とp.121「風」については、英国人による、英国式の発音のナレーションを、CDに収録しています。

ロセッティ「風」

CD-2 82-83

Rossetti — The Wind

Who has seen the wind?
Neither I nor you;
But when the leaves hang trembling
The wind is passing thro'.

Who has seen the wind?
Neither you nor I;
But when the trees bow down their heads
The wind is passing by.

風を見たことはありますか？
あなたも私も見たことはありません
でも、木の葉が小刻みに震えたら、
風が通りぬけている証拠です

風を見たことはありますか？
あなたも私も見たことはありません
でも、木々がこうべを垂れたなら
風が通りぬけている証拠です

《解説》 イギリスの詩人クリスティナ・ロセッティ（1830-1894）の作品です。ことばのくり返しが多く登場し、また2、4行目、6、8行目の最後がそれぞれ韻をふんでいます。英語の音やリズムを楽しみながら暗唱してみましょう。

121

キング牧師「私には、夢がある」
Martin Luther King Jr. — I Have a Dream

I have a dream that one day on the red hills of Georgia, the sons of former slaves and the sons of former slave owners will be able to sit down together at the table of brotherhood.

I have a dream that one day even the state of Mississippi, a state sweltering with the heat of injustice, sweltering with the heat of oppression, will be transformed into an oasis of freedom and justice.

I have a dream that my four little children will one day live in a nation where they will not be judged by the color of their skin but by the content of their character.

I have a dream today.

Reprinted by arrangement with the Estate of Martin Luther King Jr., c/o Writers House as agent for the proprietor New York, NY.
Copyright 1963 Martin Luther King Jr, copyright renewed 1991 Coretta Scott King

私には夢があります。いつの日か、ジョージアの赤い土の丘で、かつての奴隷の子どもたちと、奴隷の雇い主の子どもたちとが、兄弟のように仲良く同じテーブルにつけますように。

私には夢があります。今は激しい不正と抑圧に満ちているミシシッピ州でさえも、いつの日か自由と正義のオアシスに変わりますように。

私には夢があります。いつの日かこの国が、私の4人の小さい子どもたちを、肌の色ではなく中身で評価できる国になりますように。

私は今日も夢見ています。

©HULTON/Getty Images/AFLO

《解説》 マーティン・ルーサー・キング（1929-1968）は、アメリカの牧師で、黒人差別の撤廃を求める公民権運動の指導者でもあります。この"I Have a Dream"の演説は、1963年におこなわれたものです。とても長いので、すべて暗唱するのが難しいようであれば、3、4ブロック目だけでも言ってみましょう。

単語絵カード

「スピーチ編」（pp.20-93）のすべての単語を絵カードにしました。下の「単語絵カードの見方と使い方」をよく読んで、ご活用ください。

単語絵カードの見方と使い方

- カードの左上の数字は、「スピーチ編」で示されている単語の番号と一致しています。
- このカードを使った遊び方は、本書pp.94-102「アクティビティ編」で紹介しています。
- カードのページをコピーして、線にそって切り離してお使いください。
- カードをつくる際は、厚めの紙にコピーするか、裏に厚紙などをはって補強すると使いやすいでしょう。
- クラスの人数などに応じて、ページを拡大コピーしてカードをつくってもいいでしょう。
- 必要に応じて、おうちの方や先生が色をぬったり、子どもに色をぬらせたりしてもいいでしょう。
- 最後にある3枚の何も描かれていないカードは、予備カードとしてお使いください。

① 1 one	② 2 two	③ 3 three
④ 4 four	⑤ 5 five	⑥ 6 six
⑦ 7 seven	⑧ 8 eight	⑨ 9 nine
⑩ 10 ten	⑪ 11 eleven	⑫ 12 twelve

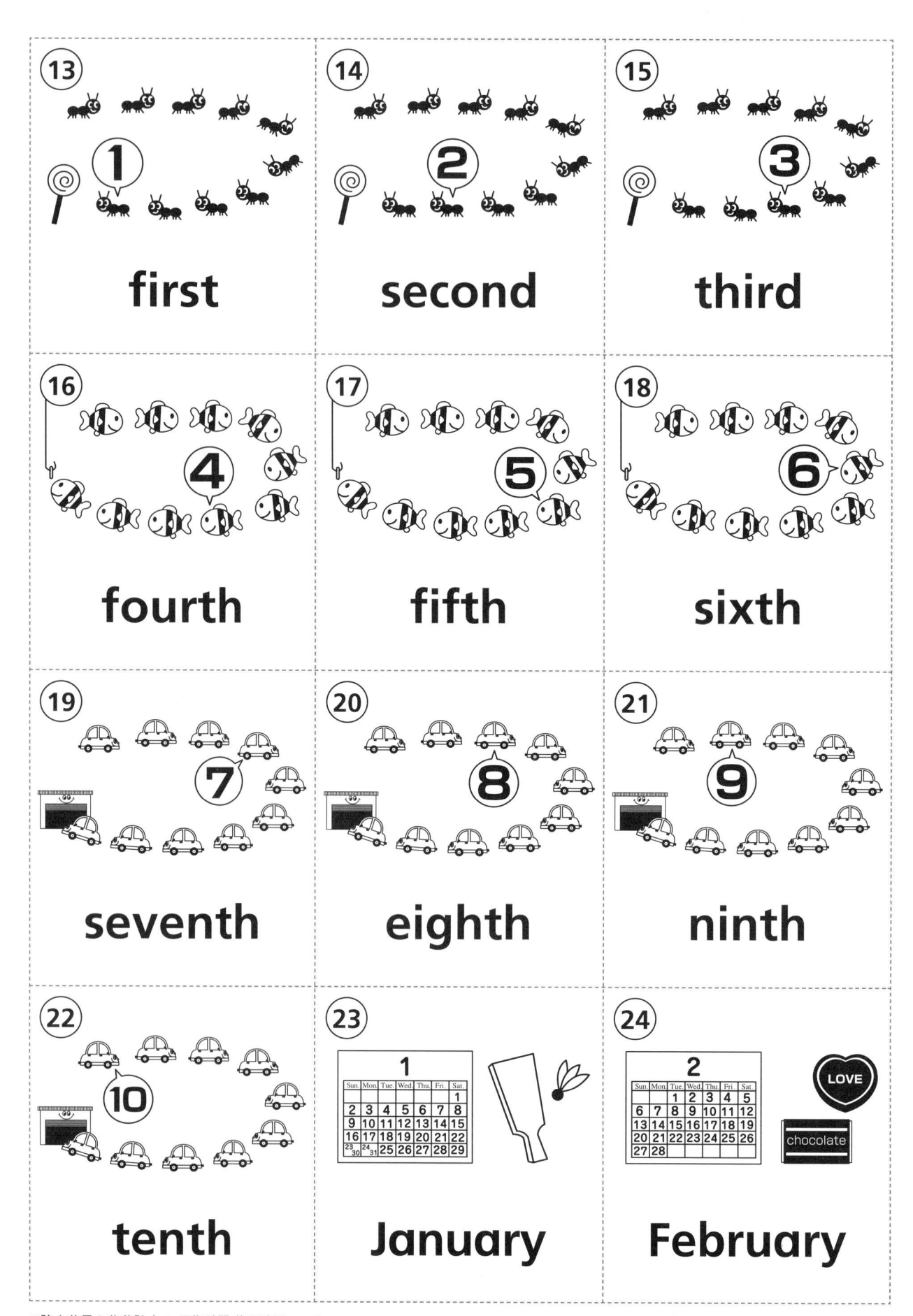

13 first	14 second	15 third
16 fourth	17 fifth	18 sixth
19 seventh	20 eighth	21 ninth
22 tenth	23 January	24 February

25 March

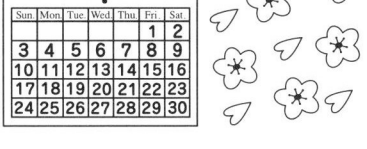

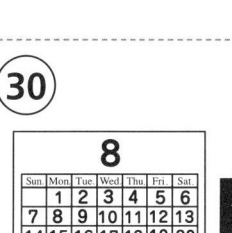

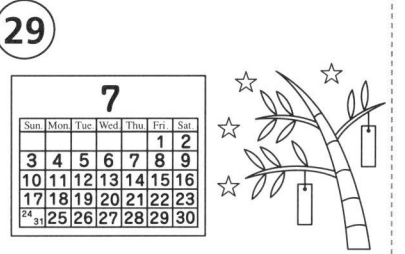

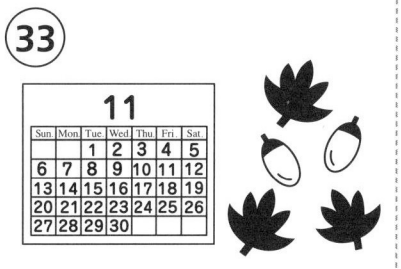

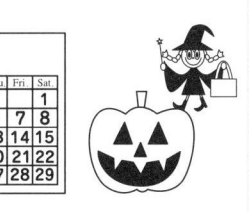

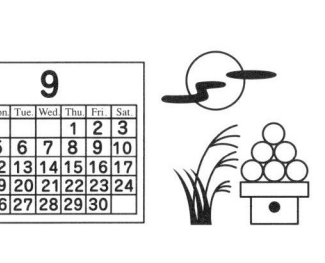

26 April

27 May

28 June

29 July

30 August

31 September

32 October

33 November

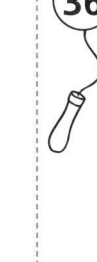

34 December

35 math

36 PE

㊲

music

㊳

Japanese

㊴

science

㊵

social studies

㊶

English

㊷

arts and crafts

㊸

home economics

㊹

moral education

㊺

computer class

㊻

日	月	火	水	木	金	土
1	2	3	4	5	6	7
8	9	10	11	12	13	14
15	16	17	18	19	20	21
22	23	24	25	26	27	28
29	30	31				

Monday

㊼

日	月	火	水	木	金	土
1	2	3	4	5	6	7
8	9	10	11	12	13	14
15	16	17	18	19	20	21
22	23	24	25	26	27	28
29	30	31				

Tuesday

㊽

日	月	火	水	木	金	土
1	2	3	4	5	6	7
8	9	10	11	12	13	14
15	16	17	18	19	20	21
22	23	24	25	26	27	28
29	30	31				

Wednesday

49 Thursday

50 Friday

51 Saturday

52 Sunday

53 Mondays

54 Tuesdays

55 Wednesdays

56 Thursdays

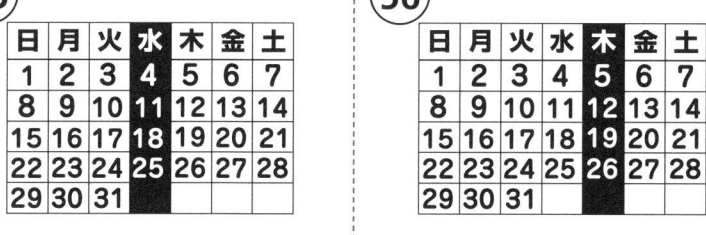

57 Fridays

58 Saturdays

59 Sundays

60 dogs

61 elephants	62 koalas	63 geckos
64 tigers	65 lions	66 rabbits
67 giraffes	68 cats	69 snakes
70 horses	71 pandas	72 monkeys

(73) frogs	(74) hamburgers	(75) sandwiches
(76) hot dogs	(77) French fries	(78) spaghetti
(79) fried chicken	(80) salad	(81) pizza
(82) gratin	(83) ramen	(84) curry and rice

©陰山英男＆藤井弘之の 反復練習 英語暗唱ノート

85 sushi	86 a pencil case	87 a dictionary
88 a ruler	89 a handkerchief	90 a pencil
91 a ballpoint pen	92 an eraser	93 a key
94 a comic book	95 a recorder	96 a stapler

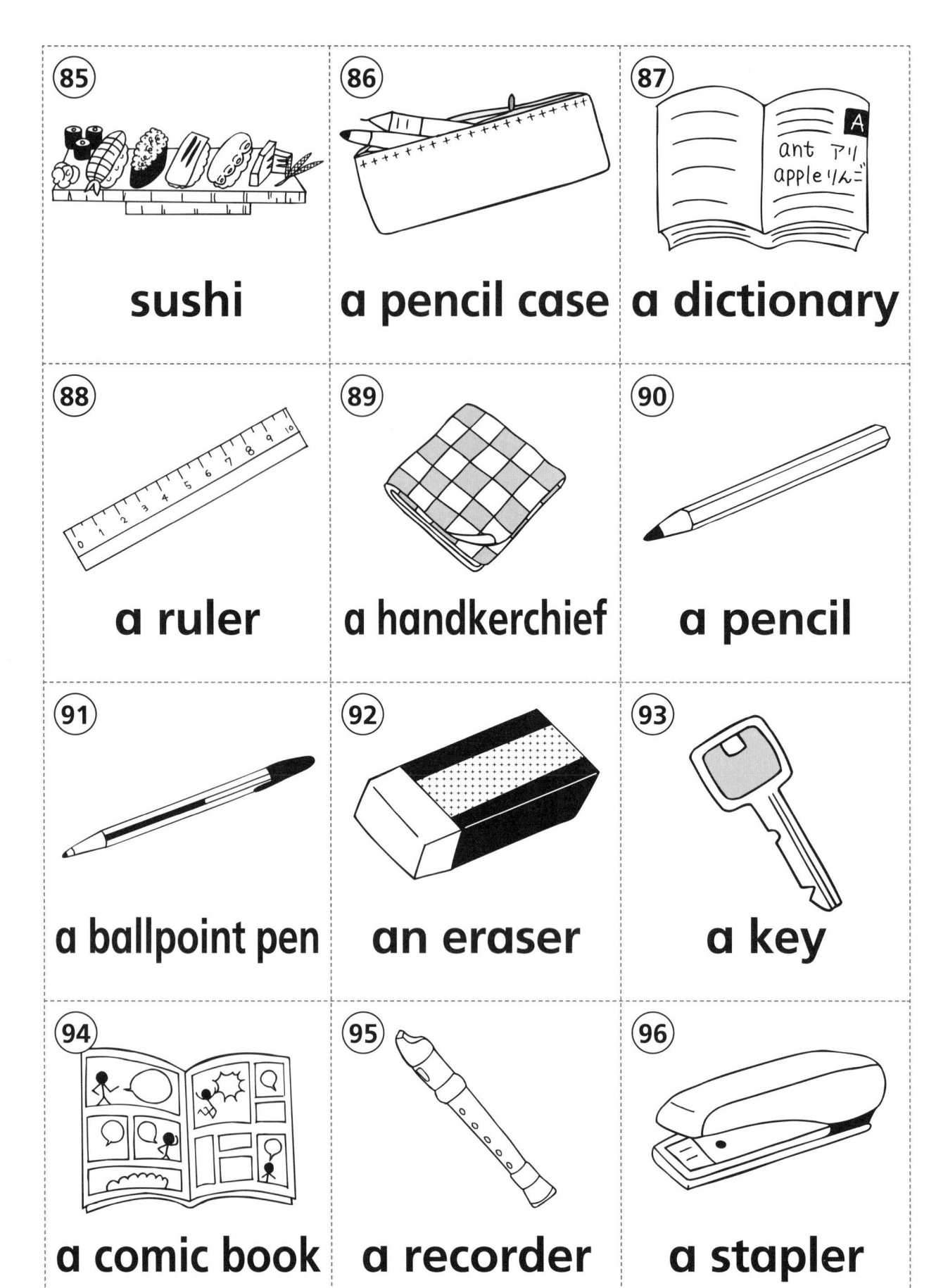

(97) a notebook	(98) a sketchbook	(99) a painting set
(100) a sewing kit	(101) a calligraphy set	(102) some pencils
(103) some pens	(104) some erasers	(105) some keys
(106) some comic books	(107) some notebooks	(108) some cards

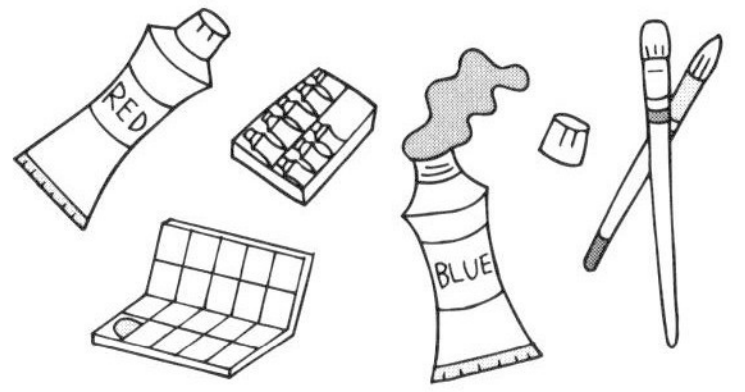

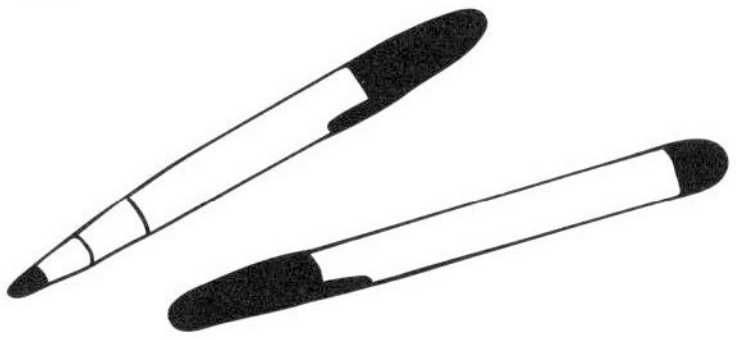

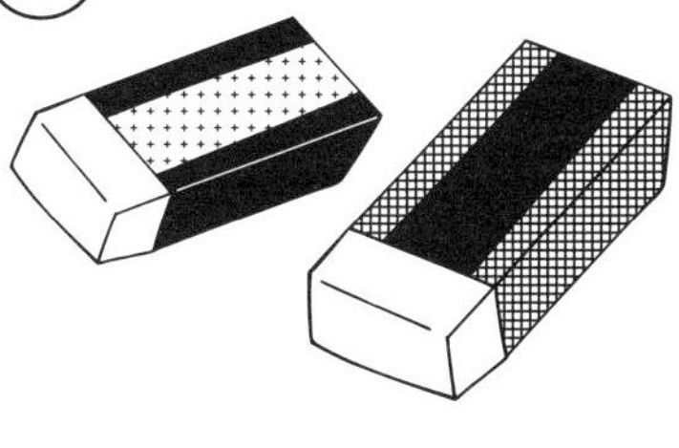

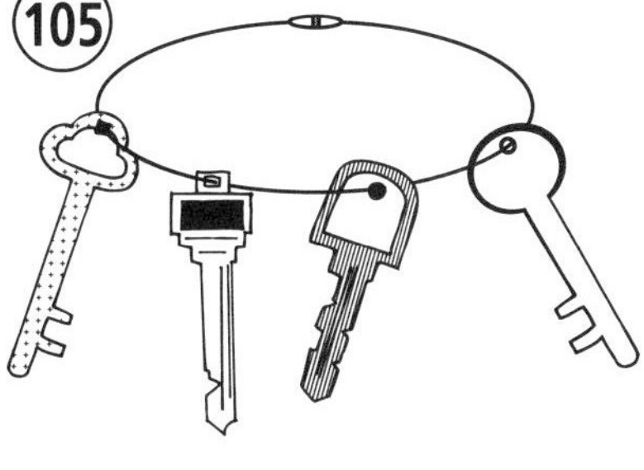

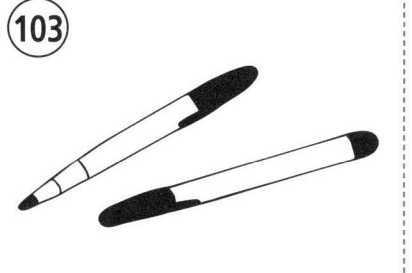

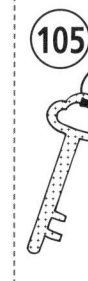

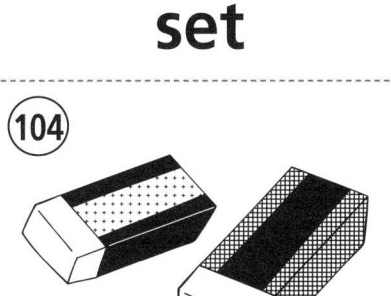

109 some stickers	110 some stamps	111 some crayons
112 some colored pencils	113 some watercolors	114 some markers
115 play soccer	116 ski	117 ice-skate
118 swim	119 play tennis	120 play dodgeball

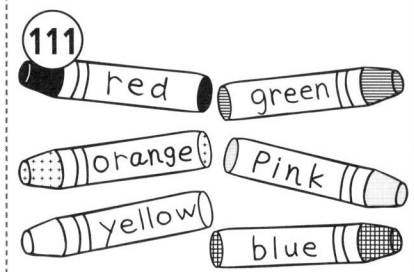

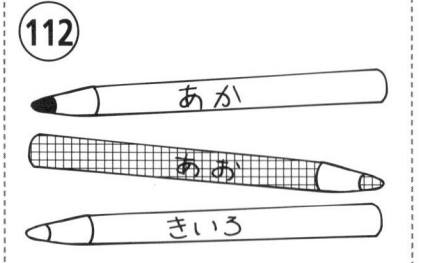

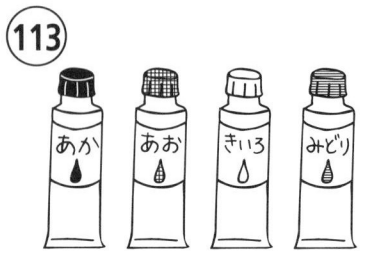

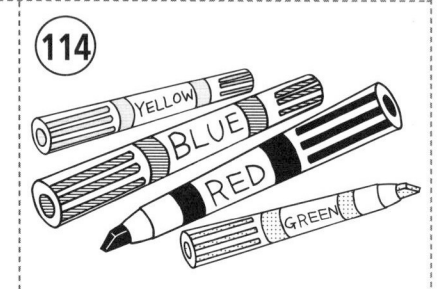

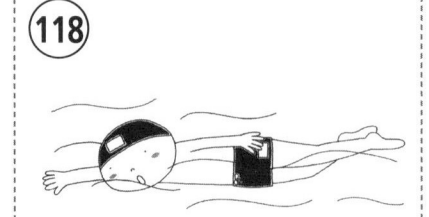

(121) play badminton	(122) play baseball	(123) play table tennis
(124) play basketball	(125) play volleyball	(126) play golf
(127) run a marathon	(128) cook spaghetti	(129) do the laundry
(130) fold the laundry	(131) sweep the floor	(132) vacuum the floor

©陰山英男＆藤井弘之の 反復練習 英語暗唱ノート

133 sew	134 walk the dog	135 climb a tree
136 catch insects	137 ride a unicycle	138 fly a kite
139 spin a top	140 do magic	141 read English
142 a nurse	143 a firefighter	144 a teacher

(145) a musician	(146) a doctor	(147) a police officer
(148) a pilot	(149) a flight attendant	(150) a photographer
(151) a homemaker	(152) a carpenter	(153) a baker
(154) a soccer player	(155) an astronaut	(156) a businessperson

157 a farmer	158 a singer	159 a florist
160 a dentist	161 a driver	162 an engineer
163 a barber	164 a news reporter	165 a computer
166 a robot	167 a telescope	168 a doll

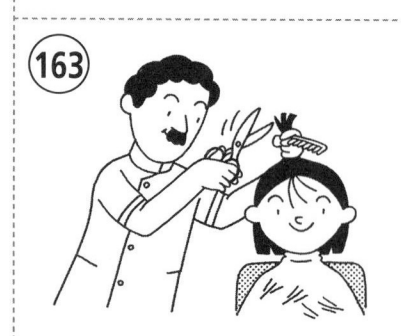

(169) a watch	(170) a stuffed animal	(171) a globe
(172) a toy plane	(173) a pair of boots	(174) a pair of mittens
(175) a pair of jeans	(176) a pair of pajamas	(177) a pair of pants
(178) a pair of shoes	(179) a pair of socks	(180) a pair of underwear

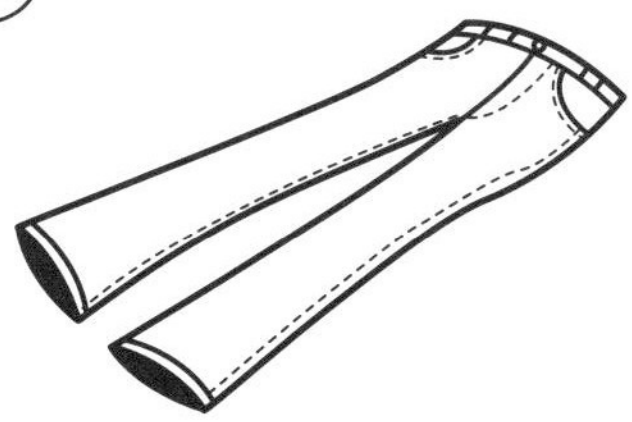

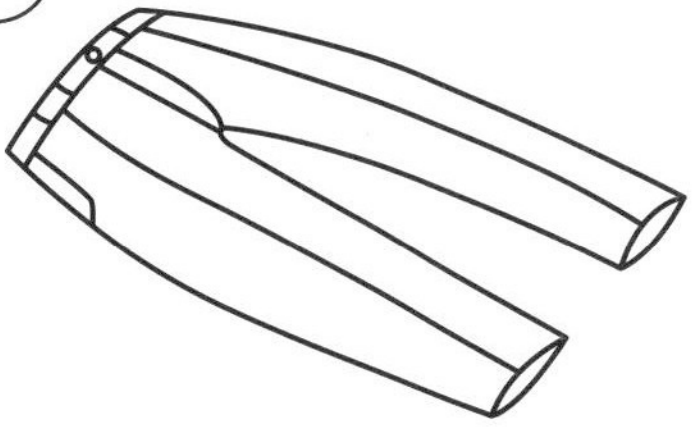

181 bananas	182 apples	183 strawberries
184 cherries	185 peaches	186 blueberries
187 oranges	188 grapes	189 gorillas
190 penguins	191 seals	192 bears

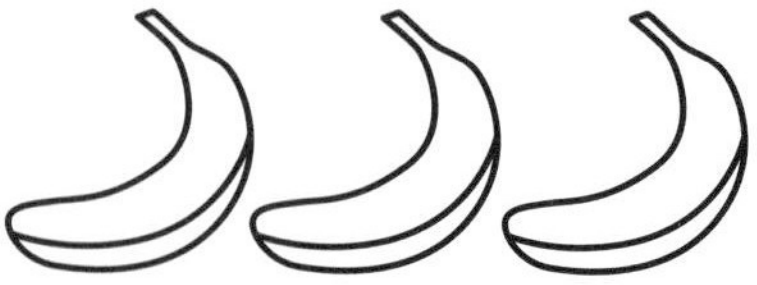

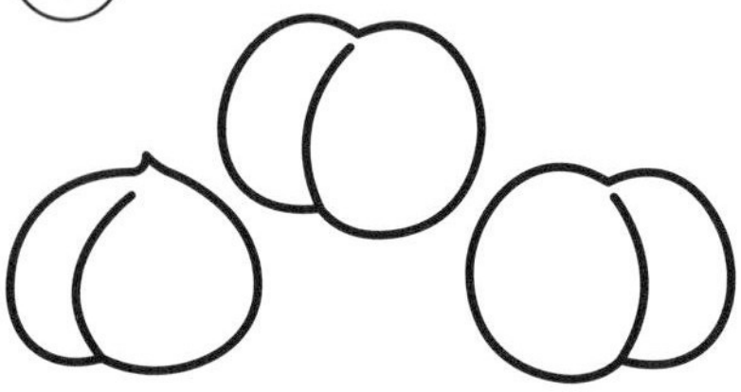

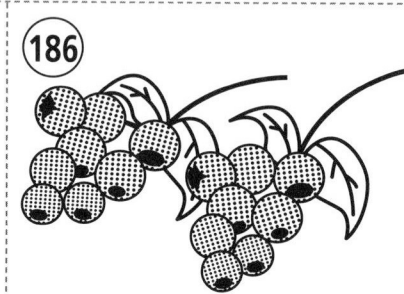

(193) hippos	(194) zebras	(195) rhinos
(196) dolphins	(197) kind	(198) brave
(199) smart	(200) friendly	(201) athletic
(202) strong	(203) cute	(204) funny

125+297=422   587-364=223

Nice to meet you!

©陰山英男&藤井弘之の 反復練習 英語暗唱ノート

205 cheerful	206 honest	207 shy
208 active	209 creative	210 study math
211 write kanji	212 listen to music	213 watch TV
214 speak English	215 use a computer	216 take a walk

(217) talk on the phone	(218) play tag	(219) jump rope
(220) play hide-and-seek	(221) play on the seesaw	(222) play on the jungle gym
(223) play on the slide	(224) ride on the swing	(225) play with a yo-yo
(226) one o'clock	(227) two o'clock	(228) three o'clock

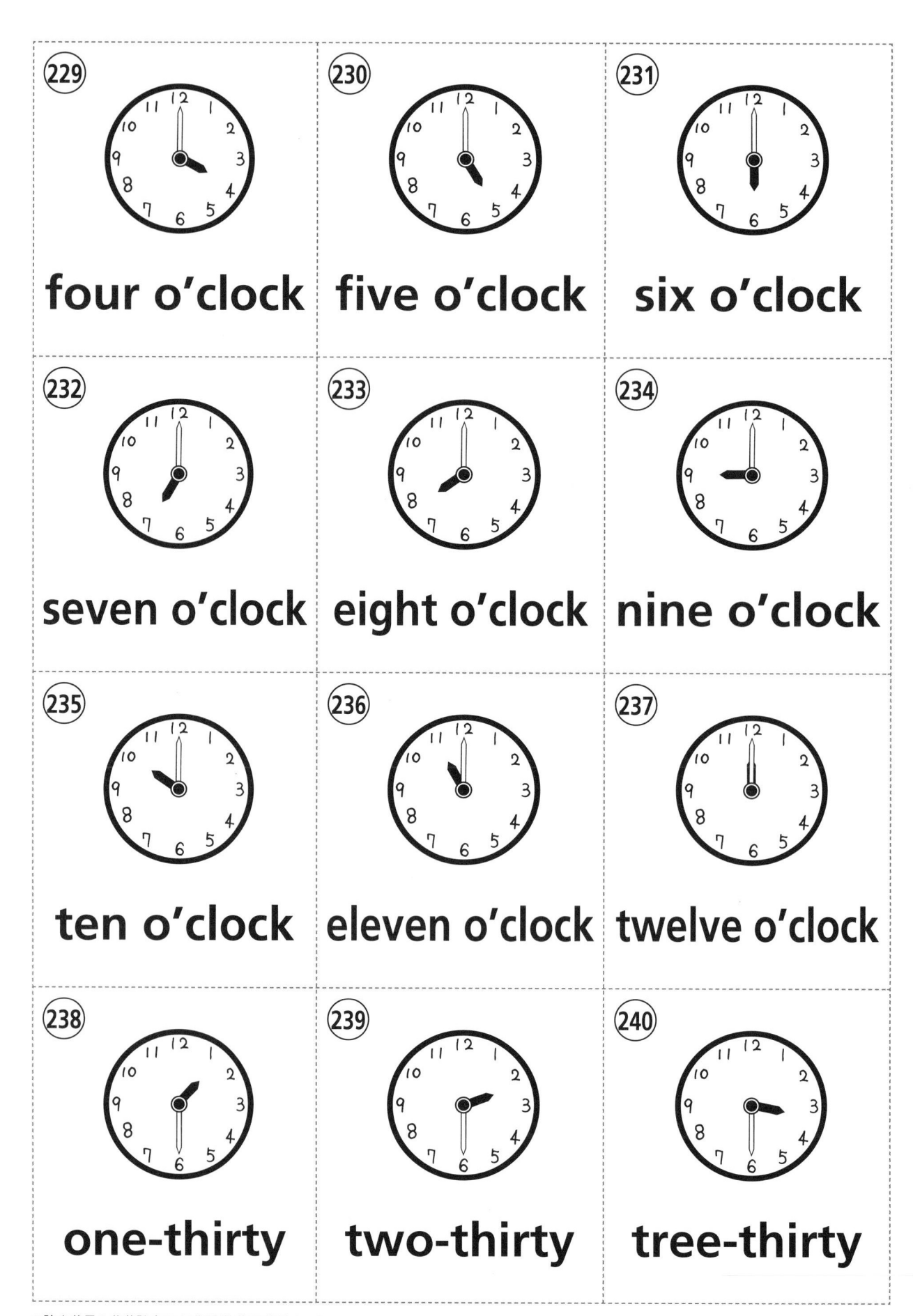

㉙ four o'clock	㉚ five o'clock	㉛ six o'clock
㉜ seven o'clock	㉝ eight o'clock	㉞ nine o'clock
㉟ ten o'clock	㊱ eleven o'clock	㊲ twelve o'clock
㊳ one-thirty	㊴ two-thirty	㊵ tree-thirty

(241) four-thirty	(242) five-thirty	(243) six-thirty
(244) seven-thirty	(245) eight-thirty	(246) nine-thirty
(247) ten-thirty	(248) eleven-thirty	(249) twelve-thirty
(250) get up	(251) eat breakfast	(252) get dressed

©陰山英男＆藤井弘之の 反復練習 英語暗唱ノート

㉕ go to school	㉕ study math	㉕ eat lunch
㉕ go home	㉕ play tennis	㉕ eat dinner
㉕ watch TV	㉖ do my homework	㉖ take a bath
㉖ go to bed	㉖ go to cram school	㉖ go to swimming school

(265) wash the dishes	(266) clean the room	(267) cook dinner
(268) practice the piano	(269) study English	(270) go to abacus school
(271) read books	(272) read comic books	(273) play all day
(274) go shopping	(275) play soccer	(276) play baseball

©陰山英男＆藤井弘之の 反復練習 英語暗唱ノート

277 play basketball	278 play video games	279 play card games
280 red	281 yellow	282 blue
283 green	284 orange	285 purple
286 pink	287 white	288 black

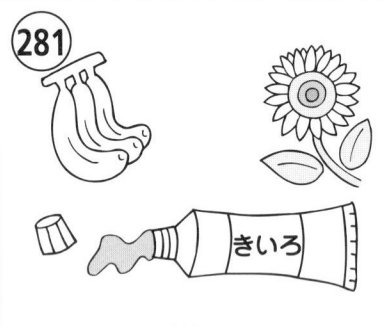

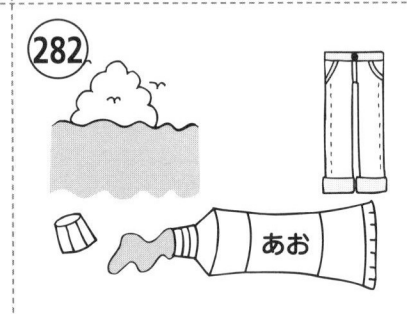

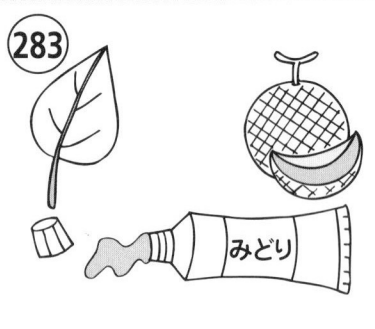

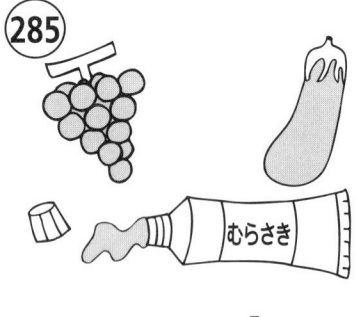

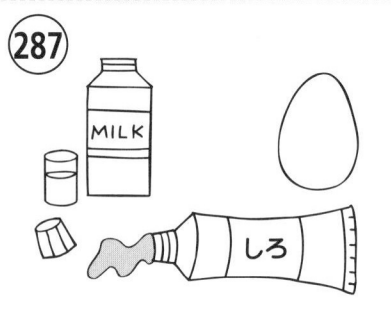

(289) brown	(290) gold	(291) silver
(292) my favorite color	(293) my favorite word	(294) my favorite sport
(295) my favorite animal	(296) my favorite video game	(297) my favorite TV program
(298) my favorite baseball team	(299) my favorite soccer player	(300) my favorite singer

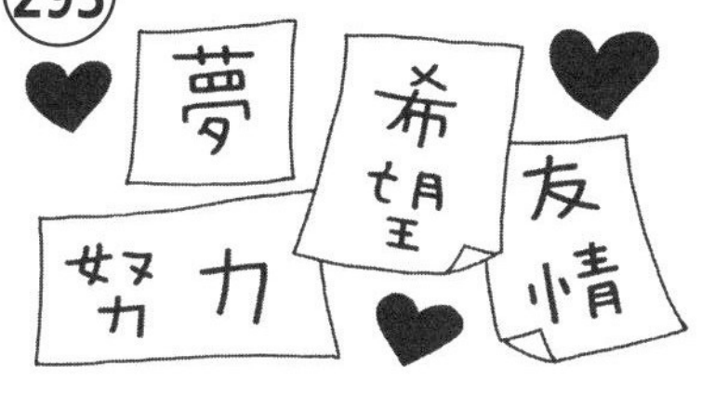

301 my favorite subject	302 badminton	303 soccer
304 dodgeball	305 baseball	306 swimming
307 tennis	308 table tennis	309 basketball
310 skiing	311 ice skating	312 volleyball

313 golf	**314** marathon	**315** Hokkaido
316 Shikoku	**317** Kyushu	**318** Okinawa
319 Mt. Fuji	**320** Tokyo Tower	**321** Kinkakuji temple

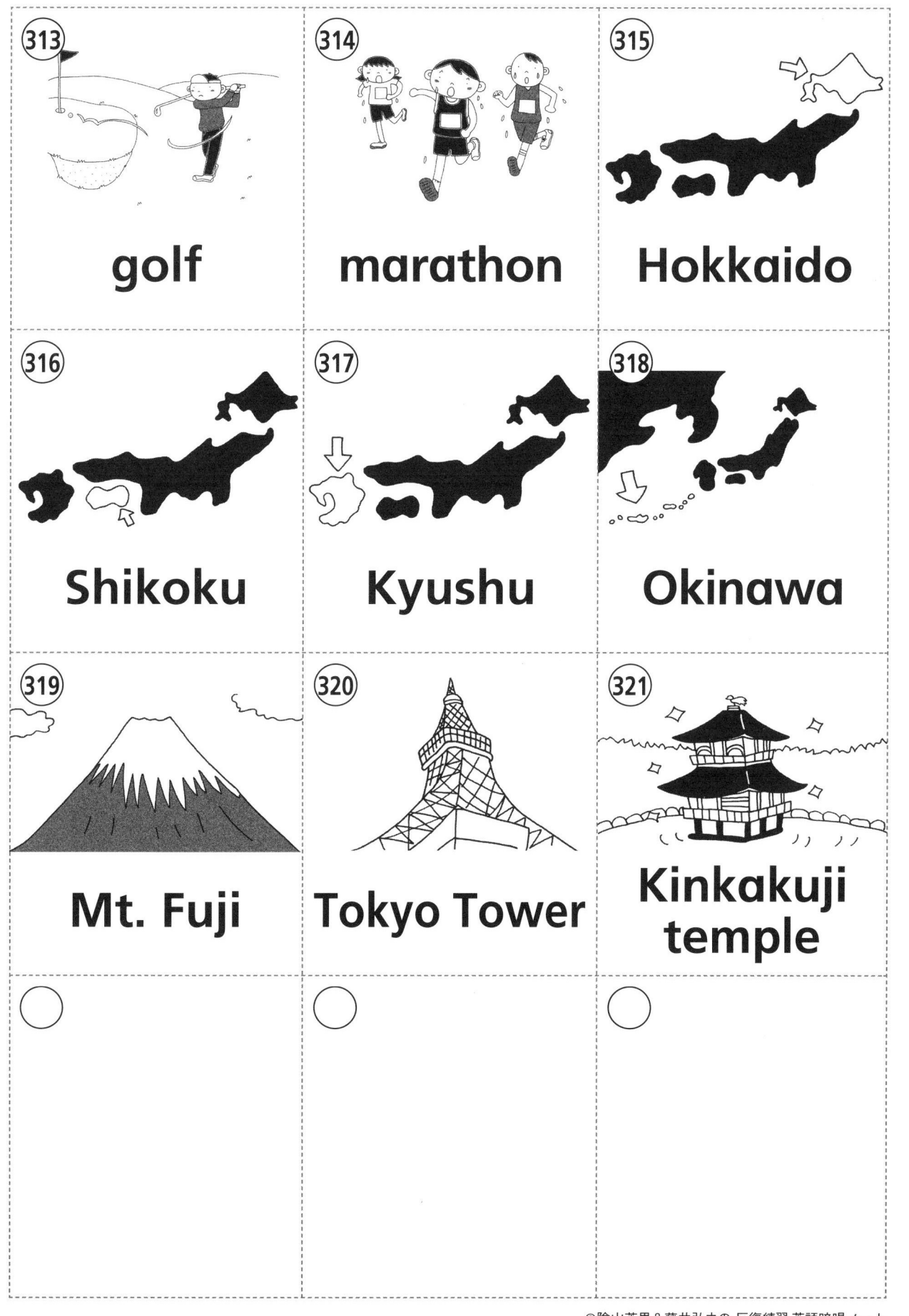

WORD LIST

さくいん

「スピーチ編（p.19〜）」の英単語のさくいんです。
* 左から順に「英単語」「和訳」「掲載ページ」となります。「掲載ページ」の細字は「**Step 1 単語**」に掲載されている場合、太字は「**Step 2 例文**」に掲載されている場合となります。
* 単語は、冠詞を除いたアルファベット順に並んでいます。
* 「動詞＋名詞」「形容詞＋名詞」などの表現は、名詞のつづりからひけるようになっています。
  例）play baseball → baseballの項に掲載
* 本書で複数形のみを扱っている単語は、かっこ内に単数形を示しています。
  例）apples（単apple）

A

abacus school	そろばん塾	80
(go to abacus school)	そろばん塾に行く	80
active	活発な	65
animal	動物	86 **90**
(my favorite animal)	わたしのいちばん好きな動物	86 **90**
a pair of	一組の、一対の	57 **59**
apples (単apple)	リンゴ	60 **62**
April	4月	24
arts and crafts	図画工作	29 **33**
astronaut	宇宙飛行士	53
athletic	運動が得意	64
August	8月	25

B

badminton	バドミントン	46,88 **90**
(play badminton)	バドミントンをする	46
baker	パン屋	53 **55**
ballpoint pen	ボールペン	40
bananas (単banana)	バナナ	60 **62**
barber	床屋	54
baseball	野球	47,81,88
(play baseball)	野球をする	47,81
baseball team	野球チーム	87 **91**
(my favorite baseball team)	わたしのいちばん好きな野球チーム	87 **91**
basketball	バスケットボール	47,81,89
(play basketball)	バスケットボールをする	47,81
bath	おふろ	77 **79**
(take a bath)	おふろに入る	77 **79**
bears (単bear)	クマ	61 **63**
bed	ベッド	77 **79**
(go to bed)	寝る	77 **79**
black	黒	85
blue	青	84
blueberries (単blueberry)	ブルーベリー	60 **62**
books (単book)	本	80 **83**
(read books)	読書する	80 **83**
boots	ブーツ	57 **59**
(a pair of boots)	ブーツ	57 **59**
brave	勇気がある	64 **67**
breakfast	朝食	76 **78**
(eat breakfast)	朝食を食べる	76 **78**
brown	茶色	85
businessperson	ビジネスマン・実業家	53

C

calligraphy set	書道道具	41
cards (単card)	カード	42
card games (単card game)	カードゲーム	81
(play card games)	カードゲームをする	81
carpenter	大工	53
cats (単cat)	ネコ	35
cheerful	明るい	65
cherries (単cherry)	サクランボ	60 **62**
color	色	86 **90**
(my favorite color)	わたしのいちばん好きな色	86 **90**
colored pencils (単colored pencil)	色えんぴつ	43
comic book/comic books	マンガ	41,42,81
(read comic books)	マンガを読む	81
computer	コンピュータ	56,68 **58**
(use a computer)	コンピュータを使う	68
computer class	コンピュータ（の授業）	29
cram school	塾	77
(go to cram school)	塾に行く	77
crayons (単crayon)	クレヨン	43 **45**
creative	創造的な	65
curry and rice	カレーライス	37
cute	かわいい	64

D

December	12月	25
dentist	歯医者	54
dictionary	辞書	40 **44**
dinner	夕食	77,80 **79**
(cook dinner)	夕食をつくる	80
(eat dinner)	夕食を食べる	77 **79**
dishes (単dish)	皿	80
(wash the dishes)	皿を洗う	80
doctor	医者	52
dodgeball	ドッジボール	46,88
(play dodgeball)	ドッジボールをする	46
dog/dogs	イヌ	34,48 **38,51**
(walk the dog)	イヌの散歩をする	48 **51**
doll	人形	56 **58**
dolphins (単dolphin)	イルカ	61
driver	運転手	54

E

eight	8	21 **78,79**
eighth	8番目の	23
eight o'clock	8時	73 **78,79**
eight-thirty	8時半	75 **78**
elephants (単elephant)	ゾウ	34 **38**
eleven	11	21
eleven o'clock	11時	73
eleven-thirty	11時半	75
engineer	エンジニア	54
English	英語	29,49,68,80 **32,33,82**
(read English)	英語を読む	49
(speak English)	英語を話す	68
(study English)	英語の勉強をする	80 **82**
eraser/erasers	消しゴム	40,42

F

farmer	農家の人	53
favorite	わたしのいちばん好きな	86,87 **90,91**
February	2月	24
fifth	5番目の	22
firefighter	消防士	52
first	1番目の	22
five	5	20 **79**
five o'clock	5時	72 **79**
five-thirty	5時半	74
flight attendant	客室乗務員	52
floor	床	48 **51**
(sweep the floor)	床をはく	48 **51**
(vacuum the floor)	床に掃除機をかける	48
florist	花屋	54
four	4	20 **78**

four o'clock	4時	72 **78**
fourth	4番目の	22 **27**
four-thirty	4時半	74
French fries	フライドポテト	36
Friday	金曜日	30
Fridays	毎週金曜日	31 **83**
fried chicken	トリのからあげ	36 **39**
friendly	親しみやすい	64
frogs (単frog)	カエル	35
funny	おもしろい	65

G

geckos (単gecko)	ヤモリ	34 **38**
get dressed	着がえる	76 **78**
get up	起きる	76 **78**
giraffes (単giraffe)	キリン	35
globe	地球儀	56
gold	金色	85
golf	ゴルフ	47,89
(play golf)	ゴルフをする	47
gorillas (単gorilla)	ゴリラ	61 **63**
grapes (単grape)	ブドウ	60 **62**
gratin	グラタン	37
green	緑	84

H

hamburgers (単hamburger)	ハンバーガー	36 **39**
handkerchief	ハンカチ	40 **44**
hide-and-seek	かくれんぼ	69 **71**
(play hide-and-seek)	かくれんぼをする	69 **71**
hippos (単hippo)	カバ	61 **63**
Hokkaido	北海道	92 **93**
home	家	76 **78**
(go home)	家に帰る	76 **78**
home economics	家庭科	29
homemaker	主婦	53
homework	宿題	77 **79**
(do my homework)	宿題をする	77 **79**
honest	正直な	65
horses (単horse)	ウマ	35 **63**
hot dogs (単hot dog)	ホットドッグ	36

I

ice-skate	アイススケートをする	46
ice skating	アイススケート	89
insects (単insect)	虫	49
(catch insects)	虫を捕まえる	49

J

| January | 1月 | 24 **27** |
| Japanese | 国語（日本語） | 28 **33** |

jeans	ジーンズ	57 **59**
(a pair of jeans)	ジーンズ	57 **59**
July	7月	25
jump rope	なわとびをする	69 **71**
June	6月	24
jungle gym	ジャングルジム	69
(play on the jungle gym)	ジャングルジムで遊ぶ	69

K

kanji	漢字	68 **70**
(write kanji)	漢字を書く	68 **70**
key/keys	カギ	40,42 **45**
kind	やさしい	64 **66**
kite	(たこあげの)たこ	49
(fly a kite)	たこあげをする	49
Kinkakuji temple	金閣寺	92
koalas (単koala)	コアラ	34 **38**
Kyushu	九州	92 **93**

L

laundry	洗濯物	48
(do the laundry)	洗濯をする	48
(fold the laundry)	洗濯物をたたむ	48
lions (単lion)	ライオン	34
lunch	昼食	76 **78**
(eat lunch)	昼食を食べる	76 **78**

M

magic	手品	49
(do magic)	手品をする	49
marathon	マラソン	47,89
(run a marathon)	マラソンをする	47
March	3月	24
markers (単marker)	マーカー	43
math	算数	28,68,76 **32,70**
(study math)	算数を勉強する	68,76 **70**
May	5月	24
mittens	ミトン	57 **59**
(a pair of mittens)	ミトン	57 **59**
Monday	月曜日	30
Mondays	毎週月曜日	31 **33,82**
monkeys (単monkey)	サル	35 **63**
moral education	道徳	29
Mt. Fuji	富士山	92
music	音楽	28,68 **32,70**
(listen to music)	音楽を聞く	68 **70**
musician	音楽家・ミュージシャン	52

N

news reporter	ニュースレポーター	54
nine	9	21 **79**
nine o'clock	9時	73 **79**
nine-thirty	9時半	75
ninth	9番目の	23
notebook/ notebooks	ノート	41,42 **45**
November	11月	25
nurse	看護師	52 **55**

O

October	10月	25
Okinawa	沖縄	92 **93**
one	1	20
one o'clock	1時	72
one-thirty	1時半	74
orange	オレンジ（色）	84
oranges (単orange)	ミカン	60 **62**

P

painting set	絵の具セット	41
pajamas	パジャマ	57 **59**
(a pair of pajamas)	パジャマ	57 **59**
pandas (単panda)	パンダ	35
pants	ズボン	57
(a pair of pants)	ズボン	57
PE	体育	28 **32,33,91**
peaches (単peach)	モモ	60 **62**
pencil/pencils	えんぴつ	40,42 **45**
pencil case	ペンケース	40 **44**
penguins (単penguin)	ペンギン	61 **63**
pens (単pen)	ペン	42
phone	電話	68
(talk on the phone)	電話でおしゃべりをする	68
photographer	カメラマン	53
piano	ピアノ	80 **82**
(practice the piano)	ピアノの練習をする	80 **82**
pilot	パイロット	52 **55**
pink	ピンク	85
pizza	ピザ	37
play all day	1日中遊ぶ	81 **83**
police officer	警察官	52
purple	紫	84

R

rabbits (単rabbit)	ウサギ	34
ramen	ラーメン	37
recorder	リコーダー	41
red	赤	84 **90**
rhinos (単rhino)	サイ	61

153

English	Japanese	Pages
robot	ロボット	56 **58**
room	部屋	80 **82**
(clean the room)	部屋をそうじする	80 **82**
ruler	定規	40 **44**

S

English	Japanese	Pages
salad	サラダ	37
sandwiches (単sandwich)	サンドイッチ	36 **39**
Saturday	土曜日	30
Saturdays	毎週土曜日	31 **83**
school	学校	76 **78**
(go to school)	学校に行く	76 **78**
science	理科	28
seals (単seal)	アザラシ	61 **63**
second	2番目の	22
seesaw	シーソー	69 **71**
(play on the seesaw)	シーソーで遊ぶ	69 **71**
September	9月	25
seven	7	21 **78,79**
seven o'clock	7時	73 **78,79**
seventh	7番目の	23
seven-thirty	7時半	75 **78**
sew	裁縫をする	48 **51**
sewing kit	裁縫道具	41
Shikoku	四国	92
shoes	くつ	57
(a pair of shoes)	くつ	57
shopping	買い物	81 **83**
(go shopping)	買い物に行く	81 **83**
shy	はずかしがりやの	65
silver	銀色	85
singer	歌手	54,87 **91**
(my favorite singer)	わたしのいちばん好きな歌手	87 **91**
six	6	20 **79**
six o'clock	6時	72
sixth	6番目の	23
six-thirty	6時半	74 **79**
skechbook	スケッチブック	41
ski	スキーをする	46 **50**
skiing	スキー	89
slide	すべりだい	69
(play on the slide)	すべりだいで遊ぶ	69
smart	頭がいい	64
snakes (単snake)	ヘビ	35
soccer	サッカー	46,81,88 **50**
(play soccer)	サッカーをする	46,81 **50**
soccer player	サッカー選手	53,87 **91**
(my favorite soccer player)	わたしのいちばん好きなサッカー選手	87 **91**
social studies	社会	28
socks	くつ下	57
(a pair of socks)	くつ下	57
some	いくつかの	42,43 **45**
spaghetti	スパゲティ	36,48 **39,51**
(cook spaghetti)	スパゲティをつくる	48 **51**
sport	スポーツ	86 **90**
(my favorite sport)	わたしのいちばん好きなスポーツ	86 **90**
stamps (単stamp)	切手	43
stapler	ホチキス	41
stickers (単sticker)	シール	43
strawberries (単strawberry)	イチゴ	60 **62**
strong	力が強い	64
stuffed animal	動物のぬいぐるみ	56
subject	教科	87 **91**
(my favorite subject)	わたしのいちばん好きな教科	87 **91**
Sunday	日曜日	30
Sundays	毎週日曜日	31 **83**
sushi	すし	37
swim	泳ぐ	46 **50**
swimming	水泳	88
swimming school	水泳教室	80 **82**
(go to swimming school)	水泳教室に行く	80 **82**
swing	ブランコ	69
(ride on the swing)	ブランコに乗る	69

T

English	Japanese	Pages
table tennis	卓球	47,88
(play table tennis)	卓球をする	47
tag	おにごっこ	69 **71**
(play tag)	おにごっこをする	69 **71**
teacher	先生	52 **55**
telescope	望遠鏡	56 **58**
ten	10	21 **27,79**
tennis	テニス	46,77,88 **50,79**
(play tennis)	テニスをする	46,77 **50,79**
ten o'clock	10時	73 **79**
tenth	10番目の	23
ten-thirty	10時半	75
third	3番目の	22
three	3	20
three o'clock	3時	72
three-thirty	3時半	74
Thursday	木曜日	30
Thursdays	毎週木曜日	31 **33,82**
tiger/tigers	トラ	34 **90**
Tokyo Tower	東京タワー	92
top	コマ	49
(spin a top)	コマをまわす	49
toy plane	模型飛行機	56
tree	木	49
(climb a tree)	木登りをする	49
Tuesday	火曜日	30
Tuesdays	毎週火曜日	31 **33,82**
TV	テレビ	68,77 **70,79**
(watch TV)	テレビを見る	68,77 **70,79**
TV program	テレビ番組	87 **91**
(my favorite TV program)	わたしのいちばん好きなテレビ番組	87 **91**
twelve	12	21 **78**
twelve o'clock	12時	73 **78**
twelve-thirty	12時半	75
two	2	20
two o'clock	2時	72
two-thirty	2時半	74

U

English	Japanese	Pages
underwear	下着	57
(a pair of underwear)	下着	57
unicycle	一輪車	49
(ride a unicycle)	一輪車に乗る	49

V

English	Japanese	Pages
video game	テレビゲーム	81,86 **90**
(my favorite video game)	わたしのいちばん好きなテレビゲーム	86 **90**
(play video games)	テレビゲームをする	81
volleyball	バレーボール	47,89
(play volleyball)	バレーボールをする	47

W

English	Japanese	Pages
walk	散歩	68
(take a walk)	散歩をする	68
watch	腕時計	56
watercolors (単watercolor)	絵の具	43
Wednesday	水曜日	30
Wednesdays	毎週水曜日	31 **33,82**
white	白	85
word	ことば	86 **90**
(my favorite word)	わたしのいちばん好きなことば	86 **90**

Y

English	Japanese	Pages
yellow	黄色	84
yo-yo	ヨーヨー	69
(play with a yo-yo)	ヨーヨーで遊ぶ	69

Z

English	Japanese	Pages
zebras (単zebra)	シマウマ	61 **63**

陰山英男＆藤井弘之の
反復練習 英語暗唱ノート

2005年9月7日　初版発行　　2006年3月24日　第5刷発行
陰山英男、藤井弘之

■AD・デザイン（表紙）：西宇美奈子（XIU Design）
■AD・デザイン（本文）：(有)ギルド
■表紙イラスト：伊藤正道
■本文イラスト：望月秀明、やまとあや、タカクボジュン、本山浩子、しんざきゆき
■CD音楽制作：明石隼汰、亀山耕一郎
■ナレーション：Dario Toda、Julia Yermakov、Murray M. Cameron、亀川浩未

■プログラム開発責任者：山口隆博
■指導・制作チーフアドバイザー：増尾美恵子（アルクKiddy CAT英語教室 インストラクター）
■編集・制作管理：五味治子
■編集：中西亜希子、望月裕史、小野みゆき
■指導・制作アドバイザー：おおごもり もとい（アルクKiddy CAT英語教室 インストラクター）／
　　　　　　　　　　　　笠木えりあ（アルクKiddy CAT英語教室POP UPクラブ主宰）／
　　　　　　　　　　　　亀山千佳（Chica's English Room 主宰）
■制作協力：本多敏幸（江東区立深川第八中学校）、高津和彦（KSK Communications）
■英文監修：Christopher Kossowski、Peter Branscombe、Joel Weinberg
■日本語翻訳協力：松井みどり
■取材協力：田中洋子
■撮影：中谷 丸、上岡啓師

発行人：平本照麿
発行所：株式会社 アルク
〒168-8611　東京都杉並区永福 2 -54-12
カスタマーサービス部　TEL 03-3327-1101
キッズ英語編集部　TEL 03-3323-0041
URL：http://www.alc.co.jp/kid/
e-mail：kids@alc.co.jp

印刷・製本：図書印刷株式会社
CDプレス：株式会社学研エリオン

©2005 Hideo Kageyama/Hiroyuki Fujii/ALC Press
Printed in Japan

アルクのキャラクターです

WOWI（ウォーウィ）
WOWIは、WORLDWIDEから生まれた名前。「地球上の人々と手をつなぎコミュニケーションしていく能力とマインドを持つ、ワールドワイドに生きる人」を表します。

http://wowi.jp/
ワールドワイドに活躍する人のコミュニティ・サイト

●CD取り扱いの注意
CDをいつまでもよい音でお聞きいただくために、次のことにご注意ください。

1. CDの信号面（文字の書かれていない面・裏面）には、非常に細かい信号が入っているため、静電気でほこりが付着しただけで、音が出ない場合があります。CDを聞く際には、必ずやわらかい布でふいてから、ご使用ください。
2. CDの信号面には、指でふれないようご注意ください。万一ふれた場合には、やわらかい布でふいてから、ご使用ください。
3. 使用後は、高温多湿、または直射日光の当たる場所をさけて、保管してください。
4. ディスクの両面にペンで文字を書いたり、シールを貼ったりしないでください。
5. 変形、破損したディスクは使用しないでください。プレイヤーの故障の原因になります。

CDをパソコンやDVDでご使用になる場合、CD-ROMドライブやDVDドライブとの相性などにより、ディスクを再生できない場合があります。
定価はカバーに表示してあります。
本書の全部または一部の無断転載を禁じます。著作権法上で認められた場合を除いて、本書からのコピーを禁じます。
乱丁、落丁本は弊社にてお取り替えいたします。

PC 7005055

自宅で、小学校で、子どもに英語を教える！

注目の資格 「小学校英語指導者資格」が取れる！

アルク児童英語教師養成コース

「アルク児童英語教師養成コース」は、子どもたちに楽しく英語を教えるための通信制プログラム。自分のペースで学ぶことができ、講座修了後は英会話教室開設の道が開けるほか、所定の研修講座を受ければ、小学校で英語を教える資格も取得できます。

NPO小学校英語指導者認定協議会 J・SHINE
資格認定コース 6カ月通信プログラム

こんな方にオススメ

☑ 子どもたちにわかりやすく英語を教えたい！
☑ 英語を生かして資格を取り、副収入に結びつけたい！
☑ やりがいがあり、一生続けられる仕事がしたい！

ココがオススメ！

初心者でも安心！教える力と英語力がムリなく身につく

- 「教えるための知識」を身につける3冊のテキスト
- 「教えるための実践力」を鍛えるテキスト。レッスン用の教材もついています
- 英語の発音・文法は、この2冊でしっかり復習
- ベテラン先生たちのレッスンを収録したビデオ

最新情報を毎月お届け、フォロー体制も万全

副教材として児童英語教育の専門誌『子ども英語』を毎月お送りします。会員限定サイト「My ALC」が日々の学習をバックアップします。

修了後、児童英語教師デビューをサポート

●英語教室で教える
自宅で「アルクKiddy CAT英語教室」を開設する道が開けます。「アルクKiddy CAT英語教室」はロイヤルティなしです。

●小学校で教える
所定の「資格取得研修講座」を受講し、NPO小学校英語指導者認定協議会（J-SHINE）の認定を受けると、「小学校英語指導者資格」が取得できます。

小学校英語指導者資格 取得までのながれ

1. 「アルク児童英語教師養成コース」を受講する
2. 所定の「資格取得研修講座」を受ける
3. アルクの推薦を受け、J-SHINEに申請する
4. 審査を受け、小学校英語指導者資格を取得！

J-SHINEのホームページ ▶ http://www.j-shine.org/

教材	コースガイド／テキスト6冊／ビデオ3巻／CD3枚／教材テキスト3冊／教材絵本3冊／『子ども英語』（毎月1冊）／マンスリーテスト6回／レッスンプラン提出3回／指導用マニュアル ※修了時、修了証発行 ※月刊『子ども英語』以外の教材は、初回に一括してお届けしますので、時間に余裕のある方は 早めに学習をすすめられます。
受講期間	6カ月
受講料	71,400円（本体68,000円＋税）
お支払い方法	一括払い（コンビニ・郵便払込）
申込締切とスタート	毎月20日（小社着）申込締切、翌月10日受講スタート

詳しい資料のご請求は今すぐフリーダイヤルで。FAXでも承ります。

申込専用フリーダイヤル（24時間受付）
☎ 0120-120-800 （携帯・PHS OK）
FAX 03-3327-1300 （24時間受付）

FAXでご請求の際には①2-05-055係／児童英語教師資料請求②氏名（フリガナ）③住所（〒から）④電話番号 ⑤クラブアルク会員番号（会員の方のみ）を記入し送信してください。

広告有効期限：2006年4月末日まで

アルク www.alc.co.jp

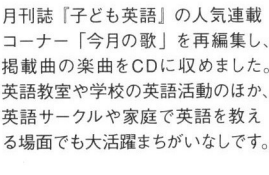

子どもと一緒に、楽しく英語を学びたい
そんな方にはコチラがオススメ！

アルク
www.alc.co.jp

楽しく学べるワークが満載
じぶん表現力エクササイズ

日本語でのコミュニケーション力がつけば、英語もできるようになる！英語力アップにつながる、日本語で日常的にできるワークを60種ご紹介。今まで、ありそうでなかったタイプの一冊です。

1,575円（税込）
本のみ
NPO法人 JAMネットワーク 著

歌から広がる、レッスンアイディアいっぱい！
子ども英語BOOKS 英語の歌＆アクティビティ集

月刊誌『子ども英語』の人気連載コーナー「今月の歌」を再編集し、掲載曲の楽曲をCDに収めました。英語教室や学校の英語活動のほか、英語サークルや家庭で英語を教える場面でも大活躍まちがいなしです。

2,499円（税込）
本＋CD
アルクキッズ英語編集部 編

家事の合間でもOK！ 忙しいママにうれしい
5分でできる 英語あそびマニュアル75

児童英語について知り尽くしたわだ先生が、とっておきの英語あそび＆ワークを合計75種紹介。英語子育てママはもちろん、英語教室の乳幼児・幼児クラスのアクティビティにもオススメ！

1,470円（税込）
本のみ
わだことみ 著
クリストファー・コソフスキー 英文監修

子育て中も「つぶやき」英語でエクササイズ
新装版 起きてから寝るまで子育て表現550

「日常生活の英語を楽しく学べる」と大人気の「起き寝る」シリーズに、「子育て編」が登場しました。育児に手いっぱいで、自分の時間をとるのが難しい子育て期間でも、発想次第で絶好の英語学習の場に！

1,554円（税込）
本＋CD
吉田研作 監修・解説
羽山みさを 解説

本書は2000年発行の『CDブック版 起きてから寝るまで子育て表現550』の内容を一部加筆修正した新装版です。

24時間いつでもOK！

ご注文はラクラク便利な…
アルク・オンラインショップで！

欲しい書籍があるけどハガキを出すのが面倒、なかなか電話をする時間もとれない……。それなら、24時間いつでも注文OKのアルク・オンラインショップが断然便利です。初めてなのでちょっと不安……という方も以下を参考に早速アクセス！

❶ まずはアルクのホームページにアクセス
http://www.alc.co.jp/

❷ 画面左上のショッピングをクリック

❸ 商品検索に、ご希望の商品名を入れて、検索をクリック

❹ ご希望の商品を選んで…

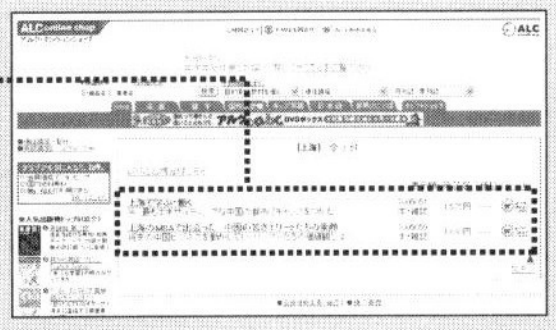

❺ あとはカートに入れて、レジへ進むだけ！
（注文完了までは、いつでもキャンセルできます）

❻ 一週間程度でお届けします

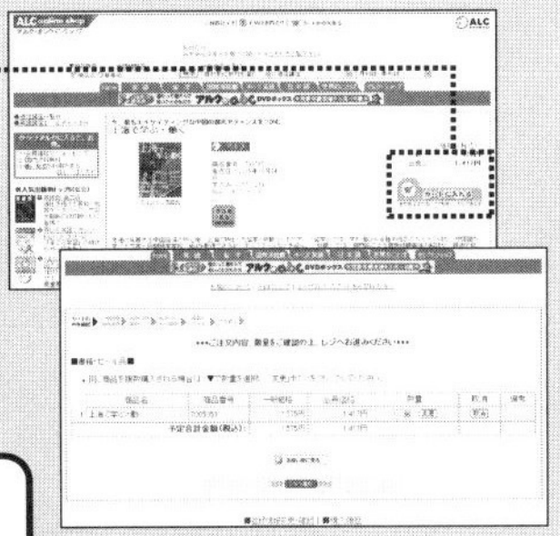

通話料無料のフリーダイヤルでも承ります。

0120-120-800 ［申込専用／24時間受付］

携帯・PHS OK

※1回あたりのご購入金額が3,150円（税込）未満の場合には、150円の発送手数料が加算されます。ご了承ください。

アルク

Kiddy CAT 英語教室

只今、生徒募集中!!

子どもの英語なら英語教育に長年の実績と定評があるアルクにおまかせください。
使える英語が楽しく身につく！

アルクだからできる
優れた教材・優れた講師とレッスン・効果的なカリキュラム！

優れた教材

✿ 英語への自然な動機付けと定着を促す教材
未就学児のコースでは教材にぬり絵、切り貼りなどの年齢にあわせた作業を取り入れています。全コースを通じてゲームをふんだんに取り入れることにより、英語への自然な動機を与え、定着を促すことで自然に英語によるコミュニケーション力を見につけられるよう工夫されています。

✿ 自発的な学習を促す楽しいビデオ教材
日本語を一切介さなくても自然に英語を理解できるように、教材にビデオを取り入れています。楽しい映像につられて何度も見るうちに、子どもたちは本物の英語の音やリズム、イントネーションを知らず知らずのうちに身につけていきます。

✿ きれいな音と楽しいリズムで発音を体得
音に敏感な時期だからこそ、本物の音とリズムを身につけたいもの。アルク Kiddy CAT英語教室では、世界各国で注目されている「ジャズ・チャンツ学習法」や、ラップのリズムにのって次々に単語やセンテンスを発音していくアルクオリジナルの「ボキャブラリー・ラップ」など、英語独特のリズムとイントネーションをナチュラルスピードで覚えられるような工夫をたくさん取り入れています。

優れた講師とレッスン

✿ アルク認定の児童英語教師
指導は、英語力・レッスン能力・人柄などの面で審査されたアルク認定講師が行います。日本人という利点を生かして、子どもの心理面までケアできるたのもしい先生です。

✿ レッスンはオールイングリッシュ
英語が始めてのお子さんこそ、レッスンはすべて英語で行うのが効果的です。英語のシャワーをたくさん浴び聞かせることによって英語を聞く耳を作りながら、年齢に応じたカリキュラムで英語圏の子どもたちが母国語を学ぶように使える英語を身につけていきます。

✿ レッスンは少人数制
少人数制のレッスンなので、お子さん一人ひとりのケアを十分に行うことができます。

効果的なカリキュラム！

✿ 年齢と発達段階に応じたカリキュラム
母国語を学んでいくように、言語習得の自然な段階を踏んで学習を進められるよう、年齢と発達段階に応じた学習環境設定とコース分けがされています。

各コースの特徴およびカリキュラム

自然に無理なく4技能（聞く・話す・読む・書く）が身につくように
学習年齢に応じた工夫されたアルクオリジナルの教材を利用し、
英語圏の子どもたちが母国語を学ぶように英語の会話力を身につけることができます。

プリコース

2・3歳児から初めて学ぶお子さん

親子でいっしょに英語にふれる！

プリコースは2～3歳児の特性を存分に生かしたコースです。先生の英語による話かけでレッスンは進行し、ビデオに合わせて親子いっしょに英語を学んでいきます。クラスのみんなといっしょに行うアクティビティーやゲームを通して英語感覚が身につきます。

＊プリコースは教室によって募集をしていない場合がございます。

「アルクのabc」を使用したレッスン

英語の歌や楽しいアニメが収録され、子どもたちの大好きな食べ物、動物、乗り物などの単語が基本的な会話表現といっしょに学べるアルクのオリジナルビデオ教材です。ゆかいで可愛いキャラクターたちと一緒に楽しく学んでいきます。

Aコース

年中・年長から初めて学ぶお子さん

本物の英語を楽しく、たくさんインプット！

幼児期で耳が敏感ですぐ真似することができる特性をふまえ、アクティビティーブックを使った切り貼りやぬり絵の作業、歌、ゲームなどを楽しく行いながら、先生からの英語の指示を自然に理解していくことを第一の目的としています。

また、ビデオ教材を使用することで、自然に英語のフレーズや単語を楽しく身につけることができます。英語の音を無理なく吸収するためにインプットを中心とした学習内容となります。

Let's play together!

Bコース

小学校低学年から初めて学ぶお子さん

体を動かし、英語の音とリズムに慣れる！

テキストと連動したビデオ教材やCDを使用し、日常よく使われる会話表現を学んだり、ラップのリズムで単語や動詞を学んだりします。また、英語のあそび歌やゲームが入った盛りだくさんのレッスンとなります。1年生からスタートした場合、小学校卒業時には、中学3年生くらいまでに習う文法を使った会話表現ができるようになります。

count the cards

Cコース

小学校高学年から初めて学ぶお子さん

英語で自己表現ができるようになる！

高学年から始めるこのクラスは、「聞く、話す、読む、書く」に加え、英語で自己表現ができるように、「英語を考える力」を伸ばすことを目的としています。また、会話表現などもこの時期の子どもたちが接する身近なテーマを選んでいます。

テキストと連動したCDを使用し、リスニング能力を高めるように工夫されています。

アルクの教材には子どもに大人気のエリックさんがいっぱい！

Eric Jacobsen（エリック　ジェイコブセン）
タレント・ミュージシャン

アルクの児童英語教材に出演、また音楽も手がける。現在、アルクの子ども向けイベントをはじめ、テレビなどでも活躍中。

教室のご紹介および教室教材など全般に関するお問い合わせは下記まで

アルク Kiddy CAT英語教室 本部

☎ **0120-633-069**

FAX 03-3323-5515
E-mail : kchonbu@alc.co.jp

●お問い合わせの際、「『陰山英男＆藤井弘之の反復練習英語暗唱ノート』を見た」と一言添えてください。

10:00～17:00（土日祝を除く）

24時間受付

教室一覧はアルクのホームページで検索していただけます。 **http://www.alc.co.jp/kid/kcschool/**

子どもの英語教育に関する情報は

アルクのウェブサイト＆メルマガで！

児童英語に関する情報なら、アルクのウェブサイト「スペースアルク」におまかせ！「キッズ英語」ジャンルでは、英語子育てや小学校英語についての最新情報、アルクの児童英語関連の新刊情報などをお知らせしています。メールマガジンも好評配信中。ぜひご利用ください！

スペースアルク「キッズ英語」ジャンル
http://www.alc.co.jp/kid/

ウェブサイト

親、子ども、先生向けの英語に関する情報が満載！

子どもの英語教育に関心のあるパパ・ママ、英語で遊びたい子どもたち、英語教室や小学校の先生のためのウェブサイト。豊富なお役立ちコンテンツのほか、アルクの新刊情報もいち早くご紹介しています。

＜おもなコンテンツ＞
- ●英語子育てサークルサーチ
  近所のサークルをさがしてみましょう
- ●Games & Activities
  教室や家庭でかんたんにできる、英語のゲームを多数紹介！
- ●子ども英語フォーラム
  児童英語に関する情報交換なら、ここ！
- ●ヘンリーおじさんの英語子育て質問箱
  子育てに英語の質問に、ヘンリーおじさんが答えてくれる！
- ●親子ミニ英会話
  日替わりで、英語子育ての会話表現が見られます
- ●アルファベットぬりえ
  ダウンロードして、プリントアウトして遊びましょう

メールマガジン

英語子育てマガジン
毎月2回（15日、30日）
配信／無料

子どもの英語教育に関心のある、すべての方のためのメールマガジン。アルクの新刊情報のほか、お役立ちウェブサイトの紹介、子育てに使える英語表現、全国の親子英語サークルの情報、各地で行われる親子英語イベントの情報などを、毎月2回無料で配信中！

子ども英語せんせいマガジン
毎月2回（9日、23日）
配信／無料

小学校や英語教室で子どもたちに英語を教えている先生のためのメールマガジン。月刊誌『子ども英語』の最新情報のほか、全国各地で行われるセミナー・ワークショップの情報、レッスンで使えるアクティビティの紹介など、もりだくさんで配信しています。

メールマガジンの購読お申し込みはこちらから！
「メールマガジンセンター」
http://www.alc.co.jp/mmcenter/

※ウェブサイトとメールマガジンの情報は、2005年9月現在のものです。内容やデザインを予告なく変更することがありますので、ご了承ください。